나는 꿈꾸는 미용사입니다

나는 꿈꾸는 미용사입니다

초판 1쇄 2021년 03월 29일

지은이 명수빈 | **펴낸이** 송영화 | **펴낸곳** 굿위즈덤 | **총괄** 임종익

등록 제 2020-000123호 | **주소** 서울시 마포구 양화로 133 서교타워 711호

전화 02) 322-7803 | **팩스** 02) 6007-1845 | **이메일** gwbooks@hanmail.net

© 명수빈, 굿위즈덤 2021, *Printed in Korea*.

ISBN 979-11-91447-09-5 03190 | **값 15,000원**

나는 꿈꾸는 미용사입니다

잘 나가는 디자이너는 어떻게 스스로 다듬고, 고객과 만나며 일할까?

명수빈 지음

굿위즈덤

의사의 마인드로 고객을 대하라!

실행하면 이루어진다. 실행하지 않는 변명은 자신의 꿈에 대한 변명일 뿐이다. 수도 없이 교육을 받았지만 생각만큼 성과가 오르지 않는 건 자존심과 소심함과 관련이 깊다. 하나하나 실행해 나갈 때 맛보는 성취감은 자신이 어떤 일이든 해낼 수 있는 사람이 될 수 있다는 확신을 준다. 어떤 사람의 조언이나 위로보다 한 계단씩 올라가는 연습을 하는 것에 집중을 하면 좋겠다.

미용은 신체 일부를 다루는 직업으로 통증이 없는 부분이지만 잘못 다루면 복구하기 어렵고 회복이 될 때까지 지극정성을 다해야 회복할 수 있다. 손상되면 잘라내면 되고, 펌이 잘못되면 다시 하면 되고, 염색이 잘 안 되면 다시 하면 색은 입혀진다. 하지만 모발의 통증은 고객의 스트레스를 불러오며 이는 다시 모발의 건강을 잃어버리게 만든다. 가벼운 감기에도 모발은 푸석푸석해진다. 그렇다고 갈 수 있는 병원도 없고 약도 없다. 미용은 의사와 같은 마인드를 가져야 한다. 모발도 신체의 일부라는 것에 책임감을 가지고 처방하고 진단해야 한다.

한 고객을 내 고정 고객으로 만들기까지 걸리는 시간을 나 스스로 단축시킬 수 있어야 한다. 고객이 원하는 포인트를 찾는 것이 가장 큰 실행 과제이다. 그것이 기술이 전부가 아니라는 건 모두가 아는 사실이다. 하지만 무엇에 먼저 열중을 하고 어떤 노력을 해야 하는지 알지 못하는 미용인들이 많다. 또는 알고 있지만 어떻게 다가가야 하는지 모를 수 있다. 옆에서 같이 동기부여해주는 사람이 없다면 어려운 일이다.

이 책의 5장 '잘 나가는 디자이너로 성공하는 7가지 방법'에 집중한다면 당신은 분명히 한 달 고객 수 300명을 달성하는 디자이너가 될 수 있다. 이 책은 총 5장으로 구성되어 있다. 1장은 나의 어릴 적 이야기를 담았다. 내가 어릴 적 미용을 선택하게 된 동기와 간절함을 만들어낸 시절

의 이야기이다. 2장은 초급 디자이너가 집중해야 할 부분을 다루었다. 3
장은 실전에서 기술 이외에 고객에게 어떻게 다가가야 하는지에 대해 이
야기했다. 4장은 고객과 관계를 유지하기 위한 대화의 포인트를 강조했
다. 마지막 5장은 진정한 하이 퍼포머(high performer)들은 기술 이외에
어떤 것에 집중하고 있는지를 담았다.

이 책이 나오기까지 도움을 주신 〈한국책쓰기1인창업코칭협회〉 김도
사님께 감사드린다.

책 속의 주인공들인 친구와 동생들의 응원이 컸다. 어려울 것만 같았
던 일을 진행하는 걸 바라보고 묵묵히 응원해주신 명현옥 님께 감사드리
고, 우리 매장의 고급스러운 인테리어를 맡아준 오빠(명성재 님) 친구와
동생(명민재, 유경배, 김리현, 김보배, 김진실, 최혁준)들에게도 깊이 감
사드린다. 마지막으로 책을 쓰는 동안 매장의 발전을 위해 힘써준 디엘
헤어 직원들에게 가슴 가득 감사를 담아 전한다.

명수빈

목 차

1장

내가
헤어디자이너가
된 이유

나의 꿈은 오너 원장이었다

나는 어릴 적부터 일찍 미용을 시작했다. 17살 어린 나이에 어려운 가정사를 극복하기 위해 미용을 시작했다. 내가 5살 때 남동생이 죽고 엄마가 집을 나가셨다. 16살 때는 아빠가 당뇨병으로 돌아가셨다. 그렇게 나에게는 혼자 살아가야만 했던 어린 시절이 있었다. 누구 하나 의지할 곳 없는 나는 큰고모의 조언을 듣고 미용을 하기로 결심했다. 그래서 학원에 들어가 한 달 정도 교육을 받고 미용실에 취업을 했다. 나의 스태프 생활은 너무나 고달프고 힘들었다. 내가 일하던 미용실은 100평 규모에 손님이 넘쳐났다. 다른 기업들은 IMF로 힘들어할 때 너무나 바쁜 일상을 보냈다. 그 당시 파마 가격이 25,000원이었던 시절의 일이다.

코팅 파마는 35,000원으로 고객에게 설명하는 건 스태프의 몫이었는데, 그 당시 내성적인 성향이었던 나에게는 어림도 없는 일이었다. 나의 담당 선생님은 신사적이고 깔끔한 이미지의 사람으로 바지가 구겨지는 걸 몹시 싫어했다. 화장실에 가도 바지를 벗어서 걸어두고 변기에 앉는다고 하는 소문도 있을 정도였다. 그러다 보니 금액 부분에 대한 설명을 잘 하지 않는 성격이었다. 그래서 더더욱 내가 해야 했다. 처음엔 나도 어색하고 말을 어떻게 해야 할지 몰라 다른 선생님의 말을 어깨 너머로 듣고 똑같이 말했다. 그러다 보니 말주변이 조금씩 늘기 시작했고, 내성적이기만 했던 성격도 조금씩 바뀌기 시작했다.

밥 먹을 시간도 없이 뽀글뽀글 파마를 말았다. 게다가 그즈음 가수 인순이 때문에 보편화된 곱슬머리 펴는 펌, 즉 매직스트레이트도 하게 되었다. 아침 시간 한 명 펌을 하고, 점심을 먹은 후에는 졸린 눈을 치켜뜨며 매직스트레이트 손님의 머리를 쭉쭉 잡아 당겼다. 그때 매직스트레이트는 4시간, 5시간 걸리는 작업이었다. 나의 기술은 나날이 발전해 졸면서도 팔은 계속 움직이는 경력자가 되었다.

정말 'IMF가 뭐야?'라고 말할 정도로 너무 바빴다. 디자이너는 12명이었다. 메인 스태프를 한 명씩 두고 일했지만, 천만 원 하는 디자이너는 메인 스태프 2명과 함께 일을 했다. 나의 선생님은 7백만 원 정도 하는 선생님이었다. 그때 천만 원 하는 선생님은 300만 원 정도 벌었다. 하지만 나는 돈 잘 버는 디자이너보다 원장님이 더 부러웠다. '나도 꼭 열심히 해서 원장님처럼 되어야겠다'고 생각했다.

3년쯤 스태프 생활을 했을 때의 일이다. 외국에서 가발 공장에 근무하던 작은고모가 오랜만에 한국에 들어왔다. 사회생활이 고되 가족이 그리울 때쯤 작은고모를 오랜만에 만나니 너무나 반가웠다. 고모는 나와 같이 일하는 선생님께 머리를 손질받은 뒤 저녁 식사를 하며 "고모가 있는 곳에서 일해보지 않을래?" 하고 물었다.

그곳은 아프리카의 토고(Togo)라는 나라였다. 내가 상상하는 아프리카는 사막이 많고, 우리나라와는 전혀 다른 문화의 나라였다. 한국 문화에 익숙해져 있는 내가 잘 적응할 수 있을지 우선 걱정이었다. 그래서 바로 대답하지 못하고 저녁 식사 자리를 마무리했다. 그리고 다음 날부터 계속 고민을 하고 있는데 내가 가족이라고 생각하고 따르던 원장님께

"저, 고모가 계신 아프리카에 가서 가발 디자인을 하려고 하는데 어떨까요?"라고 물어보았다. 그런데 원장님은 "명은아, 여기 매장 한 달 수입이 얼마인 줄 아니? 너 원장이 되면 한 달에 천만 원 벌 수 있어."라고 말씀하셨다.('명은'은 어릴 적 예명이다.) 그 말을 듣는 순간 나의 생각은 확고해졌다. 낯선 땅에 가서 또 새로운 걸 배우는 것보다 여기서 미용실을 오픈하겠다고 다짐했다.

무엇보다 그런 마음이 생긴 건 직원들과 가족처럼 지내는 원장님의 모습이 좋아 보였고, 따뜻한 원장이 되어야겠다는 생각이 들었다. 그리고 무엇보다 가족이라는 구성원을 만들고 싶었다. 서로 상생하고 기쁨과 슬픔을 같이 나눌 수 있는 가족을 만들고 싶었다. 그때 원장님은 매장에서 직원들에게 밥도 해주시고, 동대문에 옷도 같이 사러 가고, 여행도 같이 가고 그렇게 친구처럼 가족처럼 대해주셨다. 휴가 때도 우리 팀은 같이 여행을 했다.

한번은 원장님과 직원들 몇 명이 동대문을 갔을 때 일이다. 그때 원장님은 40대 미혼이었는데 남자친구가 있었다. 쇼핑을 한참 하고 있는데 원장님의 전화가 울렸다. 한참을 통화하고 우리에게 한마디 하셨다.

"남자친구가 100만 원어치 쇼핑을 하라고 하는데!" 나는 원장님이 너무 부러웠다. 원장님이라 만나는 사람의 수준도 달라 보였고, 경제적인 여유가 있는 모습에 나도 얼른 돈을 벌어 원장님이 되고 싶었다. 그렇게 원장님이 결혼을 하고 지점을 하나씩 늘려가는 걸 보게 되었다. 모든 직원들이 원장님을 친언니처럼 친근감 있게 대했고 서슴없이 욕도 하는 사이가 되어 더 이상 직원과 원장의 사이가 아니었다.

너무 잘 알기 때문에 가끔 직원들이 칭얼거리면서 그만둔다고 짐을 싸도 원장님의 "지랄 염병하네!" 한마디면 그냥 보따리의 매듭이 '스르륵' 풀리듯 마음도 풀어졌다. 엄청난 조언이 아닌데 서로를 너무 잘 알기에 마음이 전달되는 것이었다.

나는 그 후로 미용실에 입사할 때마다 오너들의 마인드와 경영 방식을 눈여겨보게 되었다. 정말 말도 안 되게 디자이너들을 힘들게 하는 미용실도 있었다. 한번 입사하면 장기근속을 하는 편인데 그 미용실은 3개월 만에 그만두었다.

미용실에 정리 정돈과 휴식 시간, 외출 시간을 어길 시 시시때때로 벌

점을 주어 월급에서 차감을 하는 것이었다. 월급 차감은 어쩔 수 없다 생각할 수 있다. 하지만 일을 하는 중 주변 정리가 안 되었다는 이유로 방송으로 감점 처리를 하는 것은 일의 집중력을 떨어지게 했다.

웃으며 서비스를 하고, 스타일 디자인을 해야 하는 디자이너에게 데스크에선 감점 처리를 하며 의욕을 떨어뜨리니 도무지 일을 할 수 있는 환경이 아니었다. 그런데 마침 이사님이라는 분이 오셔서 계약서를 쓰자고 하는 것이었다. 지금은 계약서가 보편화되었지만 그때는 생소한 일이었다. 계약서에는 퇴사 시 오픈할 수 있는 시기와 타 매장 입사 시 주의 사항이 적혀 있었다. 어느 업종이든 상도덕이 존재하듯 계약서 내용은 현 매장에 피해가 되는 상황을 만들지 말아야 한다는 것이었다. 나는 오픈에 목적이 있었기 때문에 그 계약서를 쓰지 않고 퇴사를 결심했다. 너무 가혹한 시스템의 미용실을 경험한 것이다.

그런 환경 속에서 열심히 일하는 디자이너들이 불쌍했지만 그래도 나름 자부심을 가질 만한 규모였기 때문에 그들도 그런 고충을 참아내고 있겠구나 싶었다. 남을 행복하게 만드는 직업인데 스스로가 행복하지 않으면, 남도 행복하게 만들어줄 수 없다. 나는 디자이너들이 행복한 꿈을

꾸며 일을 하면 좋겠다. 워라밸을 즐기며 일할 땐 일하고, 놀 땐 최고급
으로 누리면서 여행하고. 그런 꿈을 그려줄 오너가 되고 싶었다.

지금의 나는 '디엘'이라는 미용실을 운영 중이다. 'DOWNTOWN
LUCK'의 약자로 '도심 속 행운'이라는 뜻이다. 고객님이 우리를 만나 행
운을 느꼈으면 좋겠고, 우리도 고객님을 만나 행운을 만들어드리는 기회
가 되기를 바라는 의미이다. 즉 미용실을 행운의 장소로 만들고 싶었다.

지금도 나는 그 행복한 공간을 만들기 위해 노력을 하고 있다. 평범한
미용인을 어떻게 하면 행복한 미용인으로 만들 것인가를 고민해왔다. 자
신의 내면을 다스리는 연습이 필요하고, 무엇이 되고 싶은가를 고민해보
아야 한다. 하고 싶은 일에 소신을 가지고 몇 년이 걸리더라도 노력해야
한다. 꿈을 멀리하면 절대로 이룰 수 없다.

좋은 결과를 만들기 위한 과정의 노력은 분명히 있어야 하기 때문에
하루하루를 긍정적인 마인드로 만들어가야 한다.

'난 안 될 거야. 내가 어떻게 할 수 있어?'

이런 부정적인 생각을 하지 않고 할 수 있다는 긍정의 단어를 떠올리며 살아가다 보면 자신이 꿈꿔왔던 일들은 어느새 자기 앞으로 다가와 있다.

나는 이런 의지와 꿈의 목표를 가지고 달려왔고 앞으로도 달려갈 것이다. 안 되는 건 없다. 실행하지 않을 뿐.

나는 주인공이 되고 싶었다

모든 사람들이 그렇듯 나 또한 내 인생에서 내가 주인공이다. 부모의 풍요로운 사랑을 받으며 살지 못했기 때문에 주목받길 원했다. 사랑을 받아본 사람만이 받은 만큼의 사랑을 베풀 수 있다고 들은 적이 있다. 항상 밝고 남을 의식하지 않으며 자기주장을 자연스럽게 말하는 사람들을 보면 부모의 배경이 있기 때문이라고 생각했다. 화목한 가정에서 자랐을 확률이 크고, 그런 사람은 자존감 또한 높은 이유가 버팀목이라는 것이 존재하기 때문이라 생각했다. 실제로 사랑을 받지는 못했지만 유독 밝은 사람들이 있다. 하지만 대화를 해보면 자존감보다 자존심이 더 세다는 걸 알 수 있다. 자존감은 가지지 못한 것을 채워야 높아질 수 있다. 그래야 나 스스로 가진 것을 더 높게 생각할 수 있다.

사람들은 자라면서 내가 가지지 못한 것에 더 깊이 빠져들어 헤어 나오지 못하는 경우도 많다. 그곳에서 빠져 나오려면 자신이 하고 있는 일에 깊이 파고들어 최고가 되도록 노력하는 자세가 필요하다. 그렇게 되려면 자신이 원하는 것이 무엇인지 알아야 한다. 그 방법은 자신 있고, 잘하는 장점을 살려 그 부분에 최선을 다하면 된다. 욕심이 많은 사람은 모든 걸 완벽히 해내려고 한다.

나도 그중 한 사람으로 모든 걸 잘하는 주인공이 되고 싶었다. 누군가를 모방하고 따라 하며 나의 정체성을 잃어버려 무엇을 해야 할지 모르던 때가 있었다.

나는 모든 면에서 잘하고 인정받기를 원했다. 하지만 나의 판단은 잘못 되었던 것이었다. 사람은 다 잘할 수 없고, 다 할 수 있는 시간도 없다. 똑같은 시간을 살며 모든 것을 잘하려고 하면 시간적 여유가 없다. 하지만 한 가지만 잘하자 생각하면 시간은 무한대로 늘어난다. 나는 머리를 잘하는데 그중에도 펌을 잘한다. 또는 컬러를 잘한다. 이런 부분은 기술적인 부분이다. 하지만 지금은 기술적인 부분만 잘한다고 살아남을 수 있는 시대가 아니다.

나는 고객과 대화를 잘한다.
나는 고객의 말에 호응을 잘한다.
나는 고객에게 친절하다.
나는 직원들과 소통을 잘한다.
나는 늘 밝은 에너지를 가지고 있다.

이렇게 자신이 한 분야에서 잘할 수 있는 것을 기술과 접목해서 한 가지를 장점으로 만들어보는 것이다.

24살에 디자이너가 되어서 지금 31살의 최연소 부원장이 된 친구를 잘 안다. 경력이 오래된 디자이너보다 기술이 능수능란하지는 않지만 그 부원장은 자신을 성장시키기 위해 많은 노력을 했다. 그중에도 자신이 가장 잘하는 것에 집중을 했다. 고객에게 항상 밝은 에너지와 웃음을 주는 대화로 부족한 기술을 보완했다. 그런 초보 디자이너가 2년 만에 당당히 능력 있는 부원장이 되었다. 그 과정에서 많은 어려움이 있었다. 친구는 주변 사람들과 다른 행보에 동료와 갈등을 겪고, 선배 디자이너들의 꼰대 같은 지적을 받으면서도 흔들리지 않고 묵묵히 기술을 늘리는 것에 노력했다. 지금의 부원장은 모든 사람들이 인정하고 대단한 사람으로 손꼽히는 디자이너가 되었다.

나 또한 어릴 때 그런 길을 걸어왔다. '남들과 달라야 성공한다.'라는 말을 항상 마음속에 지니고 다녔다. 그래서 남들과 다른 노력에 힘쓴다는 이유로 시기와 질타를 받았다.

사회라는 곳을 처음 경험해보는 나는 모든 것이 어리둥절했다. 가장 막내인 탓에 동료와 선배들에게 예쁨도 많이 받았지만 대학을 안 나왔다는 이유로 동기 언니들보다 급여가 적었다. 스태프 생활도 1년 반을 더 해야 했다. 1년마다 기술 테스트를 해서 승급이 되는데 첫 번째 커트 시험을 보는 날이 정해졌다. 나는 모두 퇴근한 시간에 연습을 했다. 꼭 성공하겠다는 의지가 강했다. 어릴 적부터 나는 내성적이고, 매번 할머니에게 혼나기만 하며 자라온 탓에 자존감이 낮았다. 나는 어린 시절 그 어둠에서 벗어나고 싶었다. 동기생들과 경합을 해서 1등을 하는 것이 나의 목표였다. 많은 사람들의 박수를 받으며 커트를 제일 잘한다고 인정받고 싶었다. 가발은 긴 머리부터 1cm씩 자르며 삭발이 될 때까지 커트 연습을 했다.

나이가 어리다는 이유로 밀리기 싫었고 꼭 테스트에서 1등을 하고 싶었다. 그래서 일주일에 5일씩 연습했고 매장에서 선생님들이 하는 교육과 언니들에게 가르침을 받으며 악착같이 연습했다.

드디어 중간 레벨 테스트를 하는 날이 되었다. 나는 연습한 대로 최선을 다했고 결과는 12명 중 1등을 했다. 그 순간 너무나 기뻤고 그때 나는 깨달았다. '하면 된다.'라는 것을 말이다.

그 후 나는 또 다른 난관에 부딪혔다. 선생님이 염색약 바르는 것을 시켜주지 않는 것이었다. 염색약을 바르는 것도 기술이 필요한데 손놀림이 능숙하지 못했다. 연습할 수 있는 방법을 알 수 없었고 연습을 하는 동료들도 없었기 때문에 답답하기만 했다.

그래서 선생님께 다가가 "선생님, 저는 왜 염색 시술을 안 시켜주세요?"라고 물어봤다. 선생님의 대답은 염색을 연습하라는 것이다. 그래서 어떻게 연습하는지 물었다. 선생님은 신문지에 물을 발라 연습하거나 가발에 팩을 발라 연습해보라는 것이다. 그래서 바로 연습을 시작했다. 두 가지 방법으로 100번을 연습하고 가서 말했다. "선생님, 저 신문지랑 가발 100번 바르는 연습을 했어요. 이제 시켜주세요."라고 말했다. 그 후 몇 번의 시행착오도 겪고, 혼나면서 시술을 반복하니 누구보다 빠르고 꼼꼼히 잘 바르게 되었다.

순간순간 힘들고 지칠 때도 많았다. 하지만 다음 레벨을 준비해야 하기 때문에 다시 목표를 정했다. 다음은 주니어 디자이너 시험이었다. 마네킹 헤어에 파마와 커트를 시간 안에 정확히 끝내야 하는 시험이었다. 바리캉 연습은 가발로는 느낌을 알 수 없었기 때문에 친구들 그리고 교회 봉사활동을 동반하며 연습에 매진했다.

어느 날, 일을 마치고 매장에서 친구 머리를 자르고 있는데 주임님이 물건을 놓고 가신 것이 있다며 오신 것이다. 조용히 나가시며 "밤에는 야간 미용실 오픈하니?"라고 말했다. 나는 그 말의 의미를 아직도 잘은 모르지만 그 당시 그 말이 더 힘이 되었다. 막바지 테스트 날이 임박해오던 어느 날, 다른 언니, 오빠들도 연습을 시작했다. "야, 너 연습을 얼마나 했기에 가위와 빗이 부딪히는 소리가 디자이너가 커트하는 것 같다."라고 말하는 것이다.

3년 차 디자이너 직전 레벨 테스트 1

나는 꼭 1등을 해야만 했기에 그런 말은 작은 울림으로밖에 들리지 않았다. 그렇게 노력 끝에 최고 점수를 받아 1등을 했다. 하지만 아직 기뻐하기에는 일렀다. 나에게는 디자이너라는 목표가 있었기 때문이다. 이번 테스트는 사람을 직접 모델로 했다. 나는 나를 더 혹독하게 다스려야 했다. 미용실에서 운영하

스태프 1년 반 차 커트 1차 시험

는 학원의 원장님과 친했는데 그분께 부탁드려 커트를 배웠다.

출근이 9시까지였기 때문에 나는 6시에 일어나야만 했다. 2시간 넘게 연습을 하고 출근해서 9시까지 고군분투하며 일을 했다. 그리고 다 퇴근하면 12시까지는 꼼짝 않고 연습에 집중했다. 그 전보다 더 집중해서 하루도 빠짐없이 연습했다. 그렇게 1년을 연습하고 D-day 날이 왔다. 그런데 모델 한 명이 마음에 걸렸다. 긴 머리를 연출해야 하는데 모델이 머리가 짧아서 붙임머리로 가닥을 붙인 것이 너무 티가 많이 났다. 최고로 멋있게 잘하고 싶었는데 그 부분이 걱정이 많이 됐다. 크게 호흡을 하며 마음을 가다듬고 테스트에 임했다. 커트, 디자인 파마, 업스타일까지 테스트가 끝났다. 그런데 심사위원 선생님이 내가 걱정했던 붙임머리 모델을 지목하면서 준비한 열정이 대견하다고 칭찬해주었다. 나는 완벽하게 해냈다.

결과는 최고 점수였다. 가슴이 터질 듯이 아렸다. 4년 만에 정점을 찍는 듯한 기분에 가슴이 벅찼다. 행복한 눈물이 흘렀다. 이제 나도 디자이너가 되었다는 사실과 그동안 피나는 연습의 결과를 얻어낸 것에 대한 보상의 눈물인 것 같았다. "명은아, 너 해냈어!"라는 말을 울분을 토하며

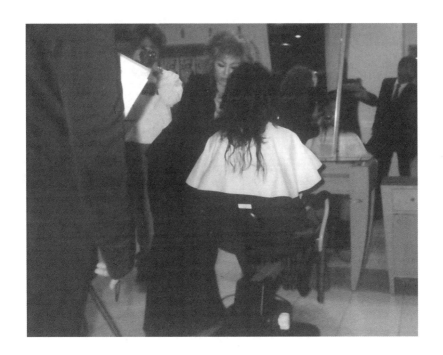

4년 차 디자이너 시험을 보는 필자

되새겼다. 지금은 내가 자랄 때처럼 가난하고 간절했던 시절이 아니라서 이런 말들이 공감은 되지 않을 수 있지만 나는 미용의 깊이를 배우며 자랐다.

드라이를 한 머리가 비를 맞아도 살아 있을 만큼 짱짱한 드라이 비법과 손에 지문이 사라질 만큼 많은 파마를 말아 누구보다 정확하고 빠른 파마의 와인딩 염색의 터치감이 남다르다.

4년 차 디자이너 시험을 보는 필자와 모델

예전에 나는 서울에 같은 지점으로 파견 근무를 나간 적이 있다. 업소 언니들이 저녁이면 드라이를 받기 위해 찾아와 7시만 되면 만석이었다.

나는 거기에 있는 선생님과 같이 드라이를 했는데 어느 날 그 고객이 나에게 드라이를 받고 싶다는 것이다. 디자이너가 아니라서 안 된다고 말했다. 그 고객 말씀이 내가 하는 드라이가 맘에 들고 비를 맞았는데도 볼륨이 죽지 않는다는 것이었다. 그런 피나는 노력이 있었기 때문에 고객에게 인정받을 수 있었던 것이다. 테스트가 끝나고 다음 날 9시에 퇴근을 했다. 거리에 사람들이 돌아다니는 것이 어색했다. 나는 1년 동안 12시에 퇴근을 했었기 때문에 사람이 돌아다니는 걸 본 적이 없다.

다른 세상이었다. 정말 멋있는 4년의 주인공이 되었다.

'안 되는 건 없다.' 연습에 연습을 거듭하고 싶다면 목표를 먼저 세워라. 그러면 연습은 더 이상 숙제가 되지 않을 것이다.

나는 돈을 벌고 싶었다

　어릴 적 나는 너무 가난한 환경에서 자라 돈을 너무 벌고 싶었다. 할머니, 할아버지와 함께 살았던 우리 집은 할머니가 식당일을 해서 생활비를 벌었다. 나를 학교에 보내야 했던 할머니는 궂은 식당일을 하며 나의 학비를 벌기 위해 일을 했지만 넉넉지 못했던 탓에 학용품을 살 때면 옆집으로 돈을 빌리러 다녔다. 그럴 때마다 옆집 할머니가 나를 불쌍히 여기는 눈빛이 너무나 보기 싫었다. 초등학교를 다니며 나는 여러 가지 일들을 겪었다. 나는 달리기를 잘해 운동회를 할 때마다 공책을 상품으로 받아 공책을 산 적이 없었다. 그래서 육상선수로 발탁되었다. 그래서 오전 수업 이외에는 수업을 듣지 못했다. 하지만 간간이 미술 시간에 그림을 그려서 상도 받았고, 글을 써서 상도 여러 차례 받았다. 그리고 한번은 운동을 하고 있었는데 선생님이 "너 신문에 났더라."라고 말해주었다. 나는 "무슨 말이에요?" 하고 교실로 들어가보니 정말 〈중도일보〉에 내 글이 실린 것이다.

그때 그 일은 나에게 좋아할 만한 일이 아니었다. 왜냐면 돈을 받는 게 아니었기 때문이다. 그래서 나는 체고를 가서 국가대표가 되는 것이 꿈이었다. 그래서 나는 선생님의 가르침을 받아 열심히 운동을 했다. 학교에 정식 선수로 임명되고 메달을 여러 개 받았다. 그러나 나에게 불행이 찾아왔다. 3년쯤 지나 갑자기 허리 통증이 지속되면서 기록이 엉망이 되었다. "이대로 운동을 할 수 없겠구나." 선생님이 말씀하셨다.

나는 그동안 운동에만 매진을 했는데 이런 비극이 찾아와 하늘이 무너지는 것 같았다. 앞으로 나는 어떻게 해야 하나 생각하며 주저앉아 울기만 했다. 아무것도 할 수 없어 하루하루를 멍하니 보냈다.

그러나 가만히 있을 수 없었다. 가난만 벗어날 수 있다면 난 무엇이든 할 수 있었다. 매번 학교에 도시락을 싸가지고 다녀야 했던 나는 할머니가 싸주신 김치 반찬이 전부였다. 친구들은 소세지와 계란 반찬을 싸오는데 거기에 비하면 내 도시락 반찬은 너무 창피해서 친구들과 나눠먹자는 말을 하지 못했다. '야! 너는 왜 맨날 김치만 싸오냐!'는 말에 아무 말도 하지 못했다. 그래서 어쩌면 나에겐 점심시간을 지나 운동을 했던 시간이 더 좋았던 것 같다. 그러면 친구들의 입방아에 오르내리는 일은 없었으니까 말이다.

학교 다닐 때 나는 줄곧 좋은 일이 없었다. 초등학교 1학년 때 소풍 가는 날 나는 할머니가 입혀주신 한복을 입고 학교에 갔다. 나는 그때 소풍 가는 날 한복을 입는 건 다른 친구들과 다르다고만 생각했을 뿐 이상하게 생각하지 않았다. 그런데 다른 친구들은 깔끔하고 예쁜 옷을 입고 있었다. 나는 별로 개의치 않고 친구들과 치렁치렁한 한복을 입고 뛰어 다니며 놀고 있었다. 그런데 선생님이 나에게 다가오셔서 옷을 갈아입고 오라는 것이다. 나는 뭔가 잘못됨을 알고 얼른 집으로 향했고 할머니는 나를 보고 왜 왔냐며 쳐다보셨다.

"선생님이 옷 갈아입고 오래요."

"그냥 데리고 가지 뭘 갈아입고 오랴?"

그땐 소풍을 가는 날이면 새 옷을 한 벌씩 사서 입혀 보내면 선생님들은 아이들의 집안 형편을 알아볼 수 있는 날이기도 했다.

지금 생각하면 너무나 웃긴 이야기다. 소풍 가는데 색동저고리 한복이라 상상만 해도 너무 웃긴 일이 아닐 수 없다. 그때 일은 나의 기억에서 지워지지 않는 사건이다. 그래도 할머니 생각엔 그 옷이 나에게 가장 예뻐 보였나보다.

그때 나는 가난이 무엇인지 잘 몰랐다. 운동화도 얻어 신었고 보온 도시락이 없어서 남에게 얻어서 도시락을 싸가지고 다녔던 적도 있다. 신발은 새 것인데 내 발보다 작은 것이었다. 그런데 새 신발을 신고 싶어서 발이 아파도 발을 구부려 신고 다녔다. 보온 도시락도 작아서 밥이 조금밖에 들어가지 않아 먹고 나면 금방 배가 고팠다. 하지만 나는 할머니의 마음을 잘 알기 때문에 한 번도 불평하지 않았다. 그냥 신발이 작으면 내가 발에 맞추려 했고 밥이 모자라면 '집에 가서 밥을 더 먹으면 되지.'라고 생각했다. 지금도 나는 밥을 먹다가 밥이 모자라도 더 먹을 생각을 못

한다. '조금 이따가 또 먹지.'라고 생각하고 숟가락을 내려놓는다. 그때 그런 시절을 겪어서 그런지 뭐든 푸짐하게 먹는 것이 좋다. 계란 프라이가 귀해서 못 먹었고 김도 소금과 참기름에 재워진 김은 큰엄마 집에나 가야 먹을 수 있었다. 정말 가난은 나의 오랜 꼬리표였다.

그런 시절이 지금의 나를 만들어냈다. 오래 입어야 하는 옷들과 내가 사용하는 모든 것들은 좋은 걸로 구입한다. 남들은 1년쯤 쓰면 다른 걸로 바꾸지만 나는 10년을 쓴다. 처음부터 좋은 것으로 사기 때문에 오래 사용해도 질리지 않고 고장도 나지 않는다. 내가 25살 때 리모컨 있는 선풍기가 처음 나왔다. 그 당시에 제일 좋은 것으로 10만 원 정도에 산 선풍기는 10년을 넘게 썼다. 지금도 저렴한 물건은 구입하지 않는다. 차라리 구입하기 부담스러운 가격이면 대체 상품도 보지도 않고 그걸 사기 위해 매일 생각한다. 그리곤 결국 사고야 만다. 원하는 것을 내 손으로 사기 위해서 나는 돈을 벌고 싶었다. 어릴 적 가난해서 가지지 못했던 것들을 갖고 싶었다.

그 꿈을 이루게 해준 것이 미용사란 직업이다. 나에게 미용은 제2의 인생을 열어준 계기가 되었다. 나는 내 머리를 땋고 모양내는 걸 잘하는 편이었다. 그래서인지 미용이 나에겐 낯선 일은 아니었다. 미용하는 친구들은 대부분 가정 형편이 좋지 않았다. 형편이 좋은 사람들은 끝까지 해내는 것을 보지 못했다. 힘든 걸 해낼 수 있는 사람은 자신이 정말 좋아하는 일이어야 하거나, 금전적으로 기댈 곳이 없어 스스로 생계를 유지해야 하는 간절함이 있기 때문에 이 직업에 매진을 한다. 사업을 하지 않아도 내가 노력만 한다면 일반 월급을 받는 곳보다 수입이 많기 때문에 간절한 마음 또한 내면에 자리하고 있어야 한다. 안타깝지만 가정사가 하나씩 있는 사람들이 간절함이 강하다. 나는 미용 일을 하며 그런 친구들을 많이 보았다. 이미 지나버린 과거지만 내가 힘들고 가난했던 것처럼, 나와 비슷한 환경에서 자란 친구들을 보면 그들이 미용을 선택한 것에 후회가 없게 해주고 싶다.

여러 스태프를 가르쳐 오면서 지금은 잘 나가는 친구들도 많다. 지금은 자기 사업하는 친구들과 브랜드 매장의 부원장, 점장 그리고 연봉 높은 디자이너로 활약을 하고 있다. 강하게 혼내서 빠르게 습득할 수 있도록 도와주는 역할을 해주다 보니 엄한 선생님으로 찍혀버렸다. 그런데 그게 다 내 욕심이라는 생각이 들었다. 나는 돈 욕심보다 후배들을 가르쳐 잘될 수 있도록 도와주고 싶은 욕심도 컸다. 그런데 어느 순간 스태프의 성장 템포에 발 맞춰 가르치게 된 계기가 있었다.

"선생님, 너무 잘 가르쳐주셔서 감사한데 칭찬은 안 하시고 혼만 내시니까 위축이 되어서 더 안 되는 것 같아요."

그러고 보니 어릴 적 내가 혼나면서 훈육 받았던 방식이 그대로 나온 것이었다. 하지만 그것이 가장 빠르게 습득할 수 있는 방식이었기 때문에 나는 그 방법이 좋을 거라고 생각한 것이었다.

나는 예전에 다리를 떠는 습관이 있었다. 밥을 먹으며 다리를 떠는 모습을 할머니께서 보시고 예고도 없이 손바닥으로 허벅지를 정신이 번쩍 나게 내리치시는 것이다.

엄청 고통스럽고 할머니를 원망했지만 난 그 한 대의 매로 단번에 버릇을 고쳤던 적이 있다. 원망을 들어도 잘못된 것을 두 번 다시 반복하지 않도록 하려면 그보다 더 좋은 방법이 없다 생각했다. 하지만 잘못된 훈육인 걸 알고 반성을 하게 되었다. 내가 잃었던 자존감처럼 내가 그들의 자존감을 공격하고 있었던 것이었다. 내가 강제로 훈육한다면 그 대상을 딱 나만큼밖에 키울 수 없다는 걸 알게 되었다. 더욱더 훌륭히 키울 수 있는 환경이 있고, 잘할 수 있는 방법과 잘못된 방식을 알려주는 것만으로도 자신을 더 멋있게 성장시킬 수 있는 친구들을 내가 너무 그동안 나만의 방법으로 고집해왔던 건 아닐까 하고 생각하며 반성하게 되었다.

돈도 어릴 때부터 공부를 해야 많이 벌 수 있다. 만약 어릴 때 나도 제대로 배우고 자랐다면 지금보다 더 성공했을지도 모른다는 생각이 든다. 지금도 열심히 살아가며 돈을 벌고 있지만 나는 아직 완성이 아니다. 돈도 버는 공부와 쓰는 공부가 따로 있는 것을 알았다. 하지만 보고 듣지 못했다고 돈을 못 버는 건 아니다. 지금부터 나라는 존재를 다시 정리하고 나는 더 부자가 될 수 있다고 생각하며 돈 공부를 하면 된다. 지금은 '디엘 헤어'의 구성원들과 같은 희망을 꿈꾸며 어떻게 하면 더 돈을 잘 벌 수 있을까를 고민한다. 남들보다 뒤처지지 않게 기술을 공부하고 생각만 하지 말고 실천으로 옮기는 사람으로 노력하고 있다.

나는 내 가족들 몫까지 살아내야 했다

매년 태어난 날을 기념하기 위해 케이크에 촛불을 켜고 생일 축하 노래를 부르며 생일을 기념한다. 나는 장남의 큰딸로 태어났다. 아들을 바랐던 가족들에게 나는 환영받지 못했다. 급기야 아빠는 산에서 잡아온 독사를 내가 있는 방에 풀어놓았다.

그걸 본 할아버지께서 뱀을 잡아서 놓아주려던 중 두고두고 아빠를 보게 하시겠다고 술을 담그셨다. 그리고 2년 후 남동생이 태어났다. 너무 귀한 아들이었다. 애지중지 키웠지만 형편이 어려워 아빠는 일하러 나가시면 일주일씩 집을 비우셨고 엄마는 나와 동생을 방치한 채 밖으로 나가셨다. 잘 기억은 나지 않지만 생계 때문에 외출하신 것은 아닌 걸로 기억된다.

엄마와 아빠가 나가시면 5살인 내가 동생을 돌봐야 했다. 밥도 잘 챙기지 못하고 활발했던 동생은 놀다가 다치는 게 다반사였고, 감기를 달고 살았다. 그러던 동생은 겨우 3살밖에 안 돼서, 급성 폐렴으로 하늘나라로 갔다. 아빠는 충격을 받으셨고 엄마와 매일 싸우셨다. 불행은 거기서 끝이 아니었다.

엄마는 아빠의 폭력을 견디지 못해 집을 나가려고 짐을 싸기 시작했다. 집을 나가는 엄마에게 "엄마, 어디 가?"라고 물었다. "나, 네 아빠랑 못 살아. 그러니까 너는 아빠랑 살아."라고 말하며 집을 나갔다. 나는 얼른 따라가 "엄마, 가지 마."라며 붙잡았지만 아무 소용이 없었다. 멀어져 가는 엄마를 보고 목소리가 터져라 불러보았지만 어린 마음에 충격을 받아선지 목소리가 나오지 않았다. 나는 그대로 주저앉아 울고 있었다. 그때 아빠가 와서 "엄마 어디 갔어?"라고 물었다. "엄마 집 나갔어."라고 말하자 아빠는 나를 데리고 할머니 집으로 갔다.

그 후 나는 할머니와 할아버지랑 살기 시작했다.

아빠는 다른 새엄마를 만나 또 다른 동생을 낳았다. 여자아이였는데 똑똑하고 귀염성이 있어서 나와 비교 대상이었다. 아빠는 여전히 나를 미워했고, 가끔 보는데도 따뜻하게 대해주지 않았다. 나는 아빠 집과 할머니와 할아버지 집을 오가며 살아야 했다. 아빠는 새엄마와도 그닥 사이가 좋지 못했다. 매일 술을 먹고 난동을 피우고 폭력을 일삼았다. 가끔 보는 아빠는 늘 술에 취해 있었다.

당뇨병을 앓고 있던 아빠는 술을 매일 마신 탓에 점점 몸이 안 좋아져 결국 내가 중학교 3학년 때 돌아가시고 말았다. 새엄마의 결정으로 아빠는 화장을 하고 집 근처 바다에 뿌려졌다. 무덤도 없이 아빠는 바다에 흩어졌다. 나는 태어나서 아빠의 정을 못 받았지만 그렇게 떠나보낼 수밖에 없다는 사실이 어린 나이에도 안타깝게 느껴졌다. 마음을 추스르고 학교에 다닐 때쯤 아프리카에 살던 작은고모가 15년 만에 처음 한국으로 나왔다.

큰고모 식구와 할머니, 할아버지는 작은고모가 온다는 소식에 증조할머니, 할아버지 산소에 가던 날이었다.

작은고모는 할머니의 선물로 꽃무늬가 들어간 재킷을 주었다. 그 옷을 입은 할머니와 가족들은 차를 타고 산소로 향했다. 산소 앞에서 정종과 종이 접시를 사기 위해 작은 가게 앞에 차를 세우고 나와 어린 사촌동생들을 제외하고 모두 내려서 잠시 쉬던 중이었다. 그런데 갑자기 어디선가 '끽' 하는 소리가 들렸다. 내 삶에 비극이 또 한 번 찾아왔다. 인도에서 있던 할머니를 음주 운전 차량이 쳤던 것이다. 할아버지는 "대낮에 이게 무슨 일이냐?"며 할머니를 부축해보았지만 할머니는 그 자리에 누워 아프다는 말만 할 뿐 아무 말도 하지 못했고 119를 불렀어야 하는 상황에 급한 나머지 할머니를 차에 태워 바로 병원에 갔다. 그때 들은 이야기로 머리를 다치면 의식을 잃어야 살 수 있다고 했다. 하지만 할머니는 의식이 있는 상태로 아프다고 말을 했다고 했다. 모든 가족들의 걱정을 뒤로 하고 결국 할머니는 병원에 도착하기 전에 심장이 멎어버린 상태였다.

나는 이미 세 사람의 가족을 잃은 이후였기에 그 사실을 또 믿기 어려웠다. 사실이 아니라고 생각하고 다음 날 우리는 놀러갈 수 있을 거라며 현실을 부정했다.

하지만 현실은 돌아가신 할머니 모습을 직접 보게 됐다. 차갑게 식어 버린 할머니의 손을 만지며 난 울음도 나지 않았다. 믿고 싶지 않았고 또 이렇게 나를 떠나가는구나 하는 원망만 들 뿐이었다.

나는 울지 않았다.
울고 싶지 않았다.
눈물이 나지 않았다.
'왜 나에게는 이런 일들만 일어날까?' 원망만 했다.

그 후 내 삶은 180도 달라져야만 했다. 할머니께서 돈을 벌어 나를 학교를 보냈는데 그마저도 다닐 수 없게 된 것이다. 그래서 나는 중학교 졸업을 마치고 학업을 중단해야 했다.

결국 나는 나의 가족을 다 잃어버렸다. 할아버지도 새할머니를 만나 나를 키울 수 없게 되었다. 도대체 왜 나에게 이런 일이 일어나는지 나는 어린 나이에 감당할 수 없었다. 나는 이제 혼자라는 생각에 너무 막막했다. 일을 하면서도 힘들어 견디지 못하는 순간이 올 때마다 하늘에 있는 동생이 생각이 났다. "동생아, 누나 좀 데려가."라고 말하며 남들이 보지 않는 곳에서 소리 없이 눈물을 흘렸다.

　나는 왜 살아야 할까.

　왜 나만 살아 있을까.

　나도 죽고 싶다.

　이런 생각을 수도 없이 했다. 사회에 나와서 의지할 곳 없는 나는 같이 지내는 언니 오빠들을 가족처럼 생각하고 따랐다. 친하게 지내다 보니 오빠들한테 오해도 받았다. 혹시 자신을 좋아하는 것이 아닌가 하는 오해를 산 적이 있어 불미스러운 일도 있었다. 나는 서로 위해주고 챙겨주는 가족 같은 관계를 유지했던 것뿐인데 오해를 한 것이다. 그런 일이 있을 때마다 어떻게 대처를 해야 할지 막막했다.

　내 뜻대로 되는 건 없었고, 그렇게 잘 지내던 친한 오빠들도 멀어졌다. 어렵게 서로 알게 되고 편한 사이가 되었는데 이성으로 생각하는 걸 받아들이지 않아 멀어지게 했던 것이 안타까웠다. 힘들고 외로울 때 기댈 수 있는 존재가 없었기 때문에 더 힘들었다. 그리고 더 힘들었던 건 나 혼자 어떻게 살아갈 수 있을까 하는 두려움이었다. 아무도 없는 이 세상에 18살 소녀가 살아가기는 너무도 험난했다. 그리고 그래도 살아야 한다는 것이 절망적이었다. 하지만 내가 살아 있는 이유가 있을 거라는 생각이 들었다. 그리고 내가 잘 살아내야 그 몫을 다하는 거라는 생각이 들어 강하게 마음을 먹었다.

동생과 엄마, 아빠 그리고 나를 키우다 돌아가신 할머니 몫까지 살아내야 한다고 생각했다. 하늘에서 나를 지켜보고 있다는 생각에 더 열심히 살았다. 실제로 나는 할머니와 지금은 돌아가신 할아버지가 꿈에 자주 나타난다. 나를 돌봐주고 계시는 것 같은 생각이 든다. 예지몽이라는 말이 있듯 좋은 일이 있을 예정이거나 안 좋은 일이 생길 때 꿈에서 알려주신다. 이상한 일이지만 할머니와 할아버지가 나오는 꿈에는 시골에서 같이 살던 집이 배경이 되서 나온다. 그런 꿈은 실제로 현실이 되는 걸 경험한 적이 많다. 어쩌면 내가 할머니 할아버지를 많이 생각해서 그런 것 같다.

꿈에서 만나면 마음이 푸근해지고 이제는 낯설지 않고 어릴 때처럼 어리광도 부린다. 어릴 땐 혼내기만 해서 무섭기만 했던 할머니도 꿈에서 만나면 반갑다. 지금도 왜 나만 살아 있는 걸까 하는 생각을 해보지만 잘 살아서 나를 위해 희생하다 돌아가신 할머니를 위해 더 잘 살고 싶다.

"어릴 때가 좋았어."라는 말을 작은고모에게 한 적이 있다.

"마냥 뛰어 놀고 때가 되면 밥 먹으라고 부르고, 씻겨주고 학교 갈 때 도시락 싸주고…."

"그때가 왜 좋았는지 알아?"

묻는 말에 대답을 못 했다.

"그 뒤에 희생을 하는 사람이 있었기 때문에 네가 좋았던 거야."

그래서 나는 다시 한 번 다짐했다. 희생한 가족을 위해 그 몫을 내가 살아내야 한다.

05

한 달에 천만 원을 벌고 싶었다

미용실을 창업하면 얼마나 벌 수 있을까 궁금했다. 기술보다 경영에 더 관심이 있었던 건 20대부터였다. 하루 종일 밥을 굶어가며 일해서 받은 돈은 40만 원이었다. 3개월에 한 번씩 5만 원이 오르는 나의 월급은 나의 생계비를 빼면 노동력에 비해 턱없이 부족한 월급이었다. 그래도 나는 돈을 벌기 위해 절반은 저축을 해야 했기 때문에 일이 끝나도 동료들과 어울리지 않았다. 그렇게 4년을 스태프 생활을 해서 모은 돈이 천만 원 가까이 되었다. 하지만 몸을 너무 아끼지 않고 일을 했던 탓에 허리에 문제가 생겨 병원에 다니며 치료도 하고 그래도 낫지 않아 마약 성분이 들어간 주사도 맞아보고 안 해본 치료가 없었다.

그렇게 4년 동안 벌어 모아온 돈은 치료비로 다 써버렸다. 2000년도에 천만 원은 집을 사고도 남을 돈이었다. 물론 좋은 집은 아니지만 재테크로 사두었다면 지금 시세로 1억이 넘게 오른 집을 살 수 있는 돈이었다. 너무나 허무했지만 금방 잊어버리고 다시 일을 시작했다. 그러나 그 당시 아무리 매출을 많이 해도 급여는 크게 다르지 않았다. 돈을 벌고 싶은 마음에 시작한 이 일에 회의감이 들었다. '어떻게 하면 돈을 다시 벌 수 있을까?' 고민했다. '내가 잘할 수 있는 것이 무엇일까?', '내가 좋아하는 일이 무엇일까?' 미용을 배웠기 때문에 다른 일은 생각도 하지 않았다. 미용업은 기술자와 관리자가 있다. 관리자도 머리를 하며 업무를 병행할 수 있다.

나는 하고 싶은 일을 고민할 수 없는 상황이었기 때문에 현실을 부정할 수 없었다. 스태프 시절 작은고모가 아프리카 토고에서 가발 회사를 했는데 아프리카로 가서 일을 배워보자고 했다. 가발을 디자인하는 일이라고 해서 관심이 생겼다. 여러 가지 스타일을 디자인해서 가발로 만들어 흑인들의 헤어스타일을 연출할 수 있는 일이라고 했다. 꼭 흑인이 아니라도 유럽인들은 자신들의 머리가 얇고 힘이 없어 탄력 있는 웨이브를 갖고 싶어 가발이 인기가 많다고 했다. 외국인들은 컬러를 하지 않아도 염색이 되어 있는 가발을 쓰면 이목구비가 뚜렷해 어떤 가발이든 잘 어울려서 디자인하는 일이 재미도 있고 어렵지 않을 거라고 말했다. 나는 새로운 일을 경험하는 걸 좋아했지만 외국에 나가서 적응은 잘할 수 있을지, 일을 잘할 수 있을지 걱정이 많이 되었다.

언어도 환경도 낯선 곳에서 지낼 생각에 겁이 났다. 내가 상상한 아프리카는 한국과 너무 다른 환경이고 밤엔 조명 하나 구경하기 어려운 곳으로 그려졌다. 하지만 그때 나는 한국에서도 너무 외롭고 힘들었다. 혼자 낯선 곳에서 힘들게 일만 하며 보내는 시간이 너무나 고통스러웠다. 그래서 가까운 가족과 옆에 있으면 더 좋을 것 같다는 생각이 들어 원장님께 말씀드리고 떠나야겠다고 생각했다. 그래서 원장님께 상황을 말하고 그만두겠다고 말씀 드렸다. 그런데 그때 원장님이 그러셨다.

"명은아, 넌 기술도 빠르게 잘 배우고 지금 잘하고 있는데 거긴 왜 가려고 하니?"
"명은아, 나중에 원장 되고 싶지 않니?"

"10년 후에 원장이 되면 돈 많이 벌 수 있어."

　돈을 벌고 싶었던 나는 열심히 배워 미용실을 오픈해야겠다는 목표를 갖게 되었다. 그렇게 나는 디자이너가 되었고 개인적인 사정으로 다른 지역으로 이동하게 되었다. 어디든 장소가 중요하진 않았다. 바로 취업을 했고 그 동안 익힌 기술들은 빛을 보기 시작했다. 고객들은 순식간에 많아졌고 고객이 많아지니 하루하루가 재미있었다. 나이가 어린 탓에 스태프였던 기간이 길어 기본기가 탄탄해서 어떤 머리도 어려움 없이 소화할 수 있었다. 출근하면 하루 종일 서서 일하고 퇴근하는 날들이 많아졌다. 그런데 고객이 많아지니 시샘하는 직원들이 생겼다. 불편하긴 했지만 하루 종일 불편할 시간이 없었다. 그런데 관리자가 돈을 가지고 도망가는 바람에 월급도 받지 못했고 미용실은 문을 닫아야 한다고 했다. 그 상황이 되니 예전에 원장님이 했던 말이 생각났다. 어느 정도 돈을 가지고 있던 나는 미용실을 알아보게 되었다. 자리가 좋은 곳과 안 좋은 곳은 가격이 말을 해주고 있었다.

　마침 아파트 입구 쪽에 미용실 자리였던 가게가 싸게 나왔다. 그 당시 내 나이가 24살이었다. 이른 나이에 오픈을 한다는 사실이 주변 사람들에게 걱정 반, 기대 반의 시선을 주었다. 나는 망설임 없이 주변에서 하지 않는 행사를 하며 열심히 일을 했다. 처음엔 3,000만 원의 빚으로 시작해서 2년 만에 빚을 다 갚았다. 다들 걱정과 우려했던 부분을 뒤로 하고 대단하다고 했다. 나는 좀 더 크게 확장을 계획했다. 하지만 문제가 하나 있었다. 경영 노하우도 없고 27살의 나이로 직원들을 거느린다는 것이 부담이었다. 그래서 나는 공부가 더 필요하다고 느꼈고 좀 더 경력을 쌓아야겠다고 생각했다.

생각을 바꾼 뒤 다시 직장 생활을 택했다. 기술도 더 많이 익히고 간간이 관리자 업무에도 관심을 갖기 시작했다. 기술을 가지고 고객의 머리만 해주던 나는 고객이 나에게 감사함을 느끼는 건 당연하다 생각했지만, 고객에게 감사함을 전하지 못했다. 방법을 모르는 것이 아니라 진심으로 고객에게 감사함을 느끼고 전하는 것이 필요했다. 그것이 내가 미용을 오래할 수 있는 열쇠가 되지 않을까 생각을 했다. 평소 옷에 관심이 많았고 꼭 한 번 해보고 싶은 일이 옷 장사였다. 나는 한 살을 더 먹으면 31살이 되고 30살이 넘어가면 나이가 많아 다른 일을 해볼 용기가 나지 않을 것 같았다. 마지막 용기를 내어 옷가게를 하기로 마음을 먹고 전 재산을 투자해 가게를 오픈했다.

그때 나이 30살이었다. 이 나이를 지나면 다시는 도전해보지 못할 것 같고 나에게 또 다른 깨달음이 필요했다. 그래서 미용실을 운영하며 번 돈을 다 투자를 해서 옷 장사를 시작했다. 동대문을 일주일에 두 번씩 오가며 발품을 팔아 질 좋은 옷을 찾았다. 여름에 시작했기 때문에 날도 더웠고 짐을 메고 다니는 것이 보통 일이 아니었다. 새벽에 돌아와 잠을 자고 다음 날은 가지고 온 옷을 다리미로 구겨진 부분을 폈다. 마네킹에 옷을 입히고 나머지 옷들은 옷걸이에 거는 작업을 했다. 옷을 구경하러 들어오는 사람에게 옷이 예뻐 보일 수 있게 해야 하기 때문에 나도 옷을 예쁘게 입고 있어야 했다.

어떤 때는 내가 입고 있는 옷을 사고 싶다고 하는 손님도 있었다. 반대로 5벌의 옷을 입어보고도 고민을 하는 손님도 있었다. 어떻게든 예쁘게 코디를 해서 팔아야 했기 때문에 최대한 손님의 비위를 맞춰가며 이것저것 입혀가며 판매가 이루어지도록 노력해보았지만 옷을 입어보고도 맘에 안 들면 그냥 가기도 했다. 자신만만하게 기술만 팔던 내가 옷을 팔기 위해 필사적인 웃음을 보여야 했다. 나에겐 새로운 도전이었다. 미용만 했던 나에게 또 다른 것들이 보였다. 옷을 아무리 예쁘게 입어도 머리가 어울리는 스타일이 아니면 옷도 예뻐 보이지 않았다. 여러 벌의 옷을 입어보고 결국 손님이 사간 옷은 2만 원짜리 티셔츠 한 장일 때도 있었다. 그렇게 나는 "이럴 땐 어떻게 대처를 해야 할까?" 방법을 몸소 강구해보는 시간을 가졌다. 그렇게 겨울이 왔고 날씨가 추워진 탓에 길에 사람이 거의 없었다. 인터넷으로 옷을 구매하는 사람들이 늘어나면서 옷을 사기 위해 추운 날씨와 사투를 벌이지 않아도 집에서 얼마든지 살 수 있었던 것이다. 결국 옷 가게는 문을 닫아야만 했다. 또 다시 빚을 지고 말았다.

그리 놀랄 일은 아니었다. 경험을 하고 싶어 시작한 일이기에 미련을 오래 두진 않았다. 그 일로 나는 큰 교훈을 얻었기 때문이다. 내가 그동안 해왔던 미용이 사람을 더 돋보이게 만들어주고 추운 날씨에도 미용실에서 머리를 할 수밖에 없지만 나를 찾아와준다는 것에 감사함을 느꼈다. 그리고 마음에 들든 안 들든 돈을 지불하는 것에 책임감을 느끼게 했다.

이런 경험들이 나의 미용 생활에서 번 돈의 전부를 걸 만큼 해볼 만한 경험이냐고 묻는다면 나의 대답은 "그렇다"이다. 그것이 나를 더 크게 성장시킬 수 있는 발판이 되었기 때문이다.

나는 다시 미용을 시작했고 새롭게 시작하는 마음으로 옷 가게를 했을 때 경험을 살려, 손님에게 어울리는 헤어스타일을 성심성의껏 상담을 하며 고객이 상상할 수 있도록 이미지를 모아 스타일을 설명했다. 스스로 어울릴 수 있는지를 상상하게 했고 마음에 드는 옷을 미리 보고 살 수 있는 것처럼 고객은 내가 어떤 스타일을 할지 알고 시술을 받기 때문에 전적으로 나를 신뢰했다. 그렇게 6개월을 한 결과 나는 2,700만 원이라는 매출을 올렸다.

그 후 나는 고객을 대하는 방법을 완전히 바꾸었고 지금도 처음 오신 고객들도 나를 신뢰하며 머리를 한다. 그때 경험을 하지 않았더라면 나는 아직도 평범한 미용사로 남았을 것이다. 어디까지나 고객은 자신이 필요한 것에 소비를 한다. 대부분의 고객은 자신이 어떻게 해야 더 예뻐질 수 있을까를 고민한다. 옷을 골라주듯 스타일도 골라줘야 한다. 방법을 알고 실현을 해본 나는 이제 많은 사람들에게 알려줄 수 있을 만큼 노하우가 생겼다. 지금의 나는 '디엘 헤어'를 운영하고 있고 경영을 하며 시술도 하지만 우리 매장 식구들에게 이런 노하우를 가르쳐주고 있다. 열심히 따르는 사람은 그만큼의 성과도 금방 이루게 되었다.

2장

초급 디자이너
3년은
골든 타임이다

남자 커트 고객을 충성 고객으로 만들어라

초급 디자이너 때 가장 많이 하는 고객이 남성 커트 고객이다. 왜냐면 작업이 미숙해도 큰 실수가 아니라면 클레임이 적고 금액 대비 손실이 적다고 생각하기 때문이다. 하지만 이젠 남자 고객들을 그렇게 생각하면 안 된다. 남자들은 머리가 짧아 자라는 게 잘 보이기 때문에 방문 속도가 더 빠르고 파마나 염색도 여자보다 더 자주 한다. 남자 고객들은 불편한 걸 굉장히 싫어한다. 친절하고 알아서 잘라주면 거의 만족하는 편이다.

남자들은 변화를 두려워한다. "파마하시면 더 잘 어울릴 것 같아요."라고 말하면 정색을 한다. 아줌마가 될 것 같은 두려움이 있다고 한다.

하지만 사진을 보여주며 설명을 하면 한번 해보고 싶다는 호기심을 갖는다. "다음에 한번 해볼게요."라고 대답하고 3개월을 고민한다. 매달 방문할 때마다 같은 이야기를 반복하며 상담을 한다. 그러면 못 이기는 척하고 한번 해보겠다고 말한다. 그때가 나의 충성 고객을 만들 수 있는 기회가 된다.

이미지 변화와 손질이 편한 스타일로 파마를 해주면 2달에 한 번씩 방문하여 파마를 해달라고 하고, 두 번, 세 번 하다 보면 처음보다 더 강하게 말아 달라고 한다. 누구나 자신이 한 말을 잘 알아들으면 그 사람만 찾게 된다.

고객 중 200만 원 적립금을 내고 다니시는 분이 계셨다. 그분은 이틀에 한번 드라이를 하고 한 달에 한 번 커트, 두 달에 한 번 파마를 한다. 그리고 뿌리 염색도 매달 한다. 직원처럼 거의 매일 본다. 더 잘해주는 건 없지만 그분이 좋아하는 커피와 앉았을 때 필요한 잡지나 쿠션을 준비해드리고 매일 반갑게 인사를 한다. 자주 보는 얼굴이라서 편하지만 절대 친한 친구처럼 대하지 않는다. 지금은 미용실에 방문하는 고객들 중 50% 가까이가 남자 고객들이다.

예전에는 남자 머리라고 하면 스타일이 다양하지 않았다. 어느 순간부터 모히칸이라는 스타일이 유행하면서 남자 머리 스타일도 다양해졌다. 댄디, 리젠트는 이미 트렌드를 넘어섰고 이제는 파마 스타일 이름도 다양하다.

그만큼 남자 고객들도 외모에 관심이 많아졌다는 것이다. 외모 지상주의가 되면서 디자이너로서 자신을 더 잘 가꿀 줄 알아야 한다. 자르는 사람의 외모도 중요한 마케팅이 되기 때문이다. 디자이너가 예쁘고 멋있으면 그 디자이너에게 머리를 손질해보고 싶다는 생각이 들기 때문이다. 그건 남자 고객이어서가 아니라 여성 고객들도 예쁘고 멋있는 디자이너에게 머리하는 것을 좋아한다. 자신을 꾸밀 줄 아는 사람이 고객의 머리도 잘할 거라는 믿음이 있기 때문이다. 그래서 항상 출근을 하면 메이크업과 헤어스타일을 예쁘고 멋있게 꾸며야 한다.

남자 고객들은 머리만 하러 오는 것이 아니다. 요즘은 말하는 걸 즐겨

하는 남자 고객도 많다. 신규 고객일 경우 스타일을 잘 모르는 상태에서 처음에 상담을 하고 고객은 눈을 어색함에 감아버린다.

눈을 감고 있는 고객에게 중간의 체크를 하지 않는 경우가 많다. 고객이 귀찮아 할 수도 있다고 생각하기 때문에 본인의 스타일에 고객을 맞춰 자르곤 한다. 다 잘라놓고 "마음에 드세요?"라고 하면 고객은 눈을 뜬다.

당황스러운 표정을 감추고 샴푸를 하고 오면 스타일링으로 만회해보려고 한다. 이런 디자이너들이 의외로 많다. 중간 체크를 하지 않는다는 건 결과에도 책임이 따른다. 한 번만이라도 스타일을 체크 받으면서 잘랐다면 이런 고객들이 충성 고객이 될 확률이 높다. 한 번 마음에 들면 다음 번부터는 별말 없이 앉아서 커트를 하고 가는 고객이 된다. 내가 그곳을 떠나지 않는 이상 그 고객은 나의 충성 고객이 될 것이다.

항상 나에게 커트만 하는 고객이 있다. 그 고객의 커트 시간은 20분이다. 커트하고 샴푸 마무리까지를 말한다. 그분은 앉아서 처음부터 내가 다 잘랐다고 할 때까지 눈을 뜨지 않는다. 나는 딱히 찾아와주신 것에 감사함을 표현할 수 있는 것이 없나 생각하다가 나가실 때 원하시는 음료를 준비해 항상 챙겨드렸다. 항상 그렇게 자르셔서 말을 걸지 못했는데 계속 예약을 하고 방문하셨다. 4년째 될 때쯤 와이프가 같이 와서 하는 말이 "남편이 머리 자를 때 말 시키는 걸 싫어하는데 선생님은 말을 안 시켜서 좋대요." 했다.

기술을 가진 나에게 자존심이 상하는 일이었지만 스타일보다 더 중요한 것이 있구나 생각했다. 그 후 고객의 취향에 더 집중을 하게 되었다. 보편적인 일은 아니지만 다양한 고객의 성향이 있다는 걸 알아야 한다는 것을 느끼게 되었다. 거기에 나의 작은 정성이 들어간다면 그 고객은 나를 떠나지 않을 것이다.

소통을 원하는 고객은 소통으로, 서비스를 원하는 고객은 서비스로 처음엔 그렇게 다가가 스타일을 맞춰간다면 시간이 흐를수록 그 고객도 나와 맞추려고 하는 것이 있다. 자신의 본분을 잊지 않고 최선을 다한다면 고객은 배신하지 않는다. 남자 고객은 웃는 사람을 좋아한다. 머리를 잘자르고 못 자르고는 두 번째 문제이다. 상냥하고 잘 웃는 사람을 누가 마다하겠는가.

몇 번 나에게 머리를 자르신 고객인데 내가 다른 곳을 보다가 실수로 뒷머리를 바리캉으로 살짝 구멍을 냈다. "어머! 죄송해요." 잠시 고객의 눈치를 보며 미안해하는 표정을 지었다. 그러자 고객이 오히려 "금방 자라겠죠. 괜찮아요."라고 말하는 것이다.

가슴이 철렁했지만 괜찮다는 말에 감사했고 더욱 마무리에 신경을 써 드렸다. 마무리가 끝나고 고객은 너무 걱정 말라며 2주 후에 온다고 말하고 돌아갔다. 이틀 뒤 나는 고객에게 메시지를 보냈다.

"고객님, 제가 실수한 부분이 마음에 걸려 문자드려요. 정말 죄송합니다. 2주일만 주시면 제가 다시 잘 잘라 드릴게요. 정말 죄송합니다."
"아~ 네 괜찮아요. 그 부분이 시원하네요.^^ 2주 후에 방문할게요."

혹시나 불편한 마음을 가지고 계시면 어쩌나 하고 보낸 문자에 고객님이 유머로 대답해주셔서 너무나 감사했다. 2주 후 방문한 고객님은 "저 오늘은 오른쪽 구멍 내주세요. 왼쪽은 바람을 많이 쐬서."라고 말하는 것이었다. 나는 죄송한 마음과 고객님의 배려에 감동했다. 그리고 너무 걱정하는 것 같아서 자신이 미안했다고 말했다.

꼭 실수가 아니더라도 시술 후 한 번은 꼭 체크를 한다. 미용실에서 하는 머리는 완벽에 가까울 만큼 꽃미남이 되지만 돌아가서는 어떤 상태가 되는지 체크해야 한다.

50대 남성분이 친구를 따라 남성 전문 미용실을 다녀왔다고 한다. 그분은 머리숱이 많지 않아 비가 오면 머리에서 빗방울이 흘러내리는데 1초도 안 걸린다고 한다. 그래서 머리숱이 적은 고객들만 시술을 하는 곳을 따라갔다고 한다. 남자 머리는 숱도 없는데 많은 비용을 지불하는 걸 보고 놀랐다고 한다. 옆에서 기다리고 있던 자신에게도 스타일을 권하는데 받기 싫었다고 한다. 이유는 없는 정수리 머리를 옆머리에서 끌어와서 덮어주는 걸 보고 완강히 거절했다고 한다. 나는 덮어주는 것보다 없는 머리지만 머리숱이 많아 보이게 잘라주고 파마를 해주는 게 더 좋다고 말했다. "그 친구분은 집에 가서 손질을 잘하고 다니세요?", "아니요. 머리 감으면 이상해지던데요." 하는 것이다.

나는 머리숱이 없는 그 고객의 머리를 할 때 시간을 더 투자한다. 모발이 얇아진 만큼 뿌리 부분이 잘 살 수 있도록 하고 지저분하지 않도록 꼼꼼하게 약 도포를 하는 편이다. 롯드를 말고 있는 시간보다 약을 발라 손으로 연화하는 작업에 더 신경을 쓴다. 고객은 뭔지 모르게 다른 미용실과 다르게 자신의 머리를 다뤄주는 것을 신기하게 생각을 하고 신경을 더 써주는 것에 만족을 한다. 일반적으로는 약을 바르고 곧바로 롯드를 마는 것인데 고객은 내가 하는 시술이 남달라 보였던 것이다. 남달라 보이는 것뿐만이 아니라 디테일한 작업을 한 후 두 달이 지나도 볼륨이 유지가 된다.

그 고객은 나의 충성 고객이 되었다. 와이프와 자녀들까지 데려와 머리를 하고 비용에 대한 어떤 것도 다시 설명을 안 해도 될 만큼 내가 결제하는 대로 믿고 맡기는 고객이 되었다.

친절함으로 승부하라

여유로운 시간이나 시술 도중 고객과 멀리 있을 때 고객은 혼자 있는 경우가 많다. 그대로 방치되는 것이다. 불편함 없이 잘했기 때문에 불편할 것이 없다고 생각하는 건 나의 생각이다. 친절함의 차이는 한 번 더 체크해보는 것에서 느낄 수 있다.

단순히 체크만 하는 것이 아니라 고객이 지금 지루해하고 있는지, 무엇이 필요한지를 체크해보는 것이다. 보통은 파마를 말아놓거나 염색을 발라놓고 방치하는 경우가 있다. 대부분의 디자이너들이 2~30분 동안 자기만의 시간을 갖거나 동료들과 수다를 떨다가 시간이 되면 스태프가 먼저 확인하고 체크만 한다. 그 다음 시술을 스태프에게 지시하고 다른 곳으로 이동해버린다.

단순히 머리만 예쁘게 잘 해드리면 '또 방문하시겠지.'라는 생각은 낙오되는 시기를 앞당기는 일이다. 누구나 하는 서비스만 한다면 그 고객은 나를 기억하지 못할 것이다. 작은 곳에 분명 차이를 두는 사람이 성공한다. 나는 고객이 가시기 전까지 고객에게서 눈을 떼지 않는다. 불편함과 필요한 것을 체크하기 위해서다.

중화를 하고 스태프가 다른 일을 보고 있었다. 그런데 고객의 얼굴로 약이 흐르는 것이다. 재빨리 달려가서 휴지로 닦아 드렸다.

"선생님, 어디서 뛰어오세요?"
"저는 항상 고객님들을 보고 있어요."
"역시 선생님은 손님이 많을 수밖에 없네요."

내가 이렇게 하는 것이 맞다고 할 수 없으나 적어도 내 고객은 이런 작은 서비스에 나를 신뢰하고 찾아주신다. 이름을 기억해도 감동을 하는데 자신에게 관심을 갖고 집중해준다면 누가 마다할 것인가를 생각하면 좋겠다.

예약이 밀려서 예약 시간에 가도 기다리는 경우가 다반사인 디자이너들은 무엇이 다를까? 기다린다는 건 나의 소중한 시간을 공짜로 빼앗겼다는 말이다.

그런데 예약이 많은 나를 찾아왔기 때문에 당연 기다려야 한다는 멘트로 고객을 응대한다면 조용히 나를 떠나는 고객들은 늘어날 것이다. 왜냐하면 잘하는 디자이너들은 넘치고 넘쳐나기 때문이다.

'단 5분이라도 나를 기다려주는데 기꺼이….'라는 생각을 해준다면 그 5분의 시간을 보상해주어야 한다. 항상 예약하기 어렵고 가면 기본 30분씩 기다려야 하고 너무 어려운 상황인데 그래도 기다리겠다고 하는 고객들은 얼굴에 지루한 표정은커녕 당연히 기다리는 것을 본 적이 있다. 고객이 기다리면 다급해지고 얼른 해주려는 마음으로 최선을 다한다. 그렇지만 앉아 있는 고객은 언제까지 기다려야 하는지 알 수가 없으니 계속 시계만 쳐다보거나 디자이너의 동선을 뚫어져라 보기도 한다. 그러다 화가 나면 데스크에 가서 항의를 하기도 한다.

예전에 이런 일이 있었다. 고객이 예약 시간에 맞춰왔는데 20분 정도를 기다렸다. 고객은 나에게 머리를 자르기 위해 20분을 기다렸는데 머리를 자르기 시작하고 커트가 끝나는 시간이 5분밖에 안 돼 끝내드린 것이다. 고객은 웃으면서 이런 말을 했다.

"부원장님, 내가 기다린 시간이 얼마인데 자르는 시간은 5분밖에 안 걸리네요."

나는 그 말이 칭찬인 줄 알았다. 그러나 반대였다. '내가 당신을 기다린 시간은 20분인데 당신은 나에게 5분의 시간밖에 쓰지 않네요.'라는 말이었다. 세 번째 방문을 했을 때 그 말이 불편하다는 말이라는 걸 알았다. 너무 죄송했지만 시술 고객님들의 마무리 작업들이 겹치면서 중간 시간을 내서 예약을 받은 거라서 시간이 5분밖에 나지 않았었기 때문에 어쩔 수는 없었지만 너무나 죄송한 일이었다. 여러 번 죄송하다 말했지만 방법은 한 가지였다.

"고객님, 제가 다음 번엔 여유 있게 예약을 잡아드리겠습니다."

그렇게 다음에 방문하셨을 때 5분에서 10분으로 시술 시간을 늘려드렸다. 고객은 그제야 기분을 풀고 나가셨다. 이처럼 스타일이 마음에 들어 방문을 하면서도 개인만의 서비스 기준이 다르다.

'300클라스 하이 퍼포머' 디자이너 중 진실 부원장님은 고객이 왔을 때 기다리는 시간을 정확히 말해준다고 한다. 내가 왜 기다려야 하는지 알고 있어야 그 시간만큼 여유 있게 기다리기 때문이라고 한다. 그러다 시간이 조금 지나게 되면 다시 한 번 가서 "정말 죄송합니다. 5분만 더 기다리시면 바로 준비해드리겠습니다."라고 말한다는 것이다.

그러면 고객은 기다리는 시간이 지루하지 않고 저 디자이너가 나를 위해 준비하고 있구나 하는 인식을 하게 된다고 한다. 그래서 고객이 아무리 많아도 같이 일하는 스태프에게 반드시 시간 체크는 꼭 해드리는 서비스를 의무화한다고 한다.

친절함의 차이는 어떤 것일까? 궁금했던 적이 있다. 똑같이 음료 서비스와 잡지 서비스, 인사를 한다 하지만 누구는 친절하다 하고, 누구는 불친절하지는 않지만 친절하진 않다고 말한다. 머리를 하는 미용실에서 간식과 티서비스 이외에 어떤 서비스를 해야 친절하다고 느낄까 고민하던 중이었다.

나는 한동안 병원에 자주 다녔다. 그날도 나는 어김없이 다니던 병원에 가서 진료를 보고 나와 약 처방과 계산을 하려고 기다리는데 내 차례가 되었다. "띵동." 하는 소리에 다가갔다. "안녕하세요." 하며 반가운 미소로 맞아주었다. 병원에서 반가운 미소를 지으며 응대를 해주는 것에 어색했다. 그런데 그 사람에게 내가 느낀 건 '친절하다'였다.

'아~ 이런 게 친절이구나.'

저 사람은 나에게 그냥 웃으면서 계산만 해줬고, 아무것도 준 것이 없는데 내가 친절하다고 느낀 것이다. "아~ 바로 미소구나." 하며 손으로 머리를 쳤다.

요즘은 미용실에 방문을 하면 고객들이 잡지책보다는 핸드폰을 많이 본다. 핸드폰을 매일 보는 나도 계속 들고 있으면 어깨가 뻐근하며 근육통이 오기도 한다. 스친 생각이 어깨에 힘이 덜 들게 무릎 위에 쿠션을 받치고 핸드폰을 본 적이 있는데 조금씩 어깨가 덜 아프게 되었다.

그래서 생각한 것이 고객님들도 의자에 앉으면 쿠션을 놓아 드려야겠다는 생각을 하게 되었다. 그래서 일단 자리에 앉으면 항상 쿠션을 놓아 드리니 고객이 너무나 편하게 핸드폰을 하시는 것이었다.

"선생님, 쿠션 어디서 사요?"
"집에 하나 가져다 놓고 싶네요."

앉아 있는 동안 영화도 보시고 업무도 보시는데 불편함을 덜게 되어 좋아하셨다. 작은 서비스이지만 고객은 편한 자세로 앉아 있을 수 있다는 만족감을 느끼셨고, 일어날 때도 쿠션을 들어주는 서비스를 하다 보니 이제는 일어날 때 고객은 쿠션을 들어주겠지 하는 인식이 생겼을 정도이다.

호텔에서 조식을 먹은 적이 있는데 자신이 먹고 싶은 메뉴를 가져다 먹는 형식으로 메인 요리가 나오기 전 애피타이저로 준비된 계란을 한 개 집어 들고 자리에 앉았다. '톡톡' 계란을 깨서 한 입 베어 물은 계란 속은 노른자가 부드럽게 반숙이 되어 있었다. 부드럽게 삶아진 계란이 다른 것도 그럴까 싶어 두 개를 가져다 먹어보았는데 똑같이 반숙으로 삶아져 있었다. 그것을 보고 감탄하지 않을 수 없었던 건 삶은 계란을 서비스로 먹어보았지만 노른자가 퍽퍽해서 먹다가 내려놓은 적이 많았다. 그런데 고객이 편히 먹을 수 있도록 섬세하게 작은 것에도 신경을 쓴 것이 감탄스러웠다.

작더라도 고객이 접했을 때 감사함을 느껴야 하고 편안함을 느껴야 서비스의 격이 올라간다. 서비스의 격은 가격이 기준을 정한다. 하지만 저렴하면서도 감동을 받을 수 있다면 나의 가치 또한 올라간다. 매장의 모든 고객이 받을 수 있는 서비스는 매장의 가치가 올라가고 개인 한 사람으로 인해 받는 서비스는 그 사람의 가치가 올라간다. 서비스의 좋은 질은 작은 차이라는 것이다.

▶ ▶ ▶ 03

유행 스타일 2가지만 집중하라

같은 길이로 머리를 잘라도 C컬이냐 S컬이냐에 따라서 느낌이 완전히 다르다. 그래서 커트로 많은 스타일을 표현할 필요가 없다. 같은 길이의 파마 스타일 두 가지를 익히고 앞머리 변화만 준다면 얼굴 생김이 다르기 때문에 다른 느낌이 나는 것이다.

초급 디자이너 때는 경험이 부족해서 다양한 고객들을 소화하지 못한다. 그래서 개인 사비로 교육을 받으러 다니곤 한다. 나 또한 그런 시절이 있었다. 교육을 받고 돌아와서 막상 고객에게 시술을 했을 때 고객의 만족도가 그리 크진 않았다. 왜냐면 초급 디자이너는 응용력이 부족하고 고객의 니즈를 잘 파악하기 어렵기 때문이다.

그래서 초점을 바꿔야 한다. 젊고 어린 고객만 유행하는 머리 스타일을 해주는 것이 아니라 40대, 50대도 유행하는 스타일을 추천해주어야 한다. 유행하는 머리는 SNS로도 공부가 가능하다. 여러 강사들이 나와서 자신의 헤어스타일 기술을 공개하기 때문에 시청을 하며 연습이 충분하다.

이제는 시대가 바뀌어서 연령대가 높아도 텔레비전이나 유튜브, 인스타그램을 많이 본다. 그 고객들도 유행하는 스타일을 해주면 마치 10살 어려진 느낌을 받아 만족도가 높아진다. 자신도 젊은 사람들의 머리가 어울린다는 것에 매우 만족을 한다.

나는 핸드폰에 다양한 스타일을 저장해두고 있다. 거기엔 나이가 많은 사람의 머리는 없다.

"고객님, 이런 머리는 어떠세요?"

"이건 젊은 사람들 머리 아닌가요?

"고객님! 사진에는 젊은 사람들을 모델로 찍지만 중년분들도 이런 머리 많이 하세요."

"이 머리 하면 10년은 젊어 보이실 거예요. 손질도 오히려 어렵지 않아요."

고객은 한번 해보는 셈치고 해달라고 말했다. 나는 다양한 스타일을 가지고 있지만 정작 두 가지 스타일에서 앞머리의 길이로만 변형을 주고 커트를 한다.

어떤 고객은 웨이브 히피파마, 어떤 고객은 CS컬 어떤 고객은 C컬로 웨이브 스타일을 만들어준다. 이런 사실은 전문가가 아니면 모른다. 이런 식으로 머리를 하면 다양한 스타일을 만들 수 있고 젊은 이미지를 주어 고객도 좋아한다.

그리고 같은 스타일이라 해도 컬러로 변형이 얼마든지 가능하다. 피부톤에 따른 컬러를 웜 톤이나 쿨 톤을 적용해 컬러를 넣어준다면 전혀 다른 이미지를 만들 수 있다. 연예인들 머리를 보아도 긴 머리의 제각각의 스타일로 보이지만 스타일링의 차이가 있다. 그것을 파마로 연출을 하면 되는 것이다. 물론 두 가지 스타일을 내 스타일로 만드는 연습도 필요하다. 그 방법은 이미지를 보고 카피를 해보는 연습을 해야 한다.

앞머리 길이가 어디쯤 오는지 옆머리 층은 어디서부터 커트가 되어 있는지 뒷머리 길이는 어디까지 내려오는지 각각 표면의 길이 포인트만 잡고 연결만 해주면 비슷한 디자인이 완성이 된다. 집중적으로 이미지만 보아도 쉽게 연습해볼 수 있다. 자신의 머리를 잘 떠올려보면 어렵지 않다.

자신도 다른 미용실에 가면 고객이 된다. 어느 부분이 층이 나고 길이는 어떻게 했으면 좋겠다고 설명을 했는데 잘못 잘려져 있을 때가 있다. 디자이너라면 그대로 두지 않고 직접 다시 손질을 할 것이다. 전체적인 느낌은 좋지만 부족한 부분을 수정해보면서 고객에게 시술을 해줄 수 있는 작품이 완성되는 것이다. 자신은 전문적으로 배운 것이 아니지만 다른 사람의 기술을 모방해 내 것으로 만들 수 있는 기회가 된다. 교육은 어디까지나 응용할 수 있는 기본을 알려주기 때문이다.

앞머리도 다양한 스타일이 있다. 코 선의 길이와 눈썹 밑의 길이를 설정하면 반은 다한 것이다. 다음은 얼굴형이 둥그런 얼굴형, 갸름한 얼굴형, 긴 얼굴형, 광대가 나온 형, 볼살은 있는지 없는지에 따라 센터를 제외한 옆선에서 길이 조정을 하는 스타일을 잘라보아야 한다. 얼굴형이 둥그런 형이면 옆선이 얼굴을 다 드러내서는 안 된다. 눈꼬리 선을 가릴 듯 말 듯한 길이로 둥그런 얼굴을 가려주어야 한다. 눈꼬리가 드러나게 되면 둥그런 얼굴은 갸름하게 보일 수 없기 때문이다. 많은 교육을 받아도 그런 디테일한 설명을 해주는 강사진은 찾아보기 어렵다. 스타일에 집중을 하다 보니 고객의 얼굴에 맞는 스타일을 알려줄 수 없기 때문이다.

그래서 디자이너들은 자신이 어떤 얼굴형을 가지고 있는지 파악을 하고 내가 무엇 때문에 결점을 가리는지를 알고 있어야 한다. 무엇보다 제일 연습을 핵심적으로 잘할 수 있는 방법은 자신의 머리를 다양하게 할 수 있어야 한다는 것이다.

한 신입 디자이너가 "저는 제 머리에 다양한 실험을 하는 걸 원치 않아요."라고 말했다. 나는 그 친구의 마음을 잘 안다. 자신이 가장 잘 어울리는 머리를 변화시키고 싶지 않은 것이다. 하지만 자신의 결점을 스타일로 다양하게 만들어보아야 고객의 머리도 여러 가지 스타일을 연출할 수 있다.

나는 디자이너가 되기 전 헤어 모델을 한 적이 있다. 그런데 강사가 나의 머리에 무지개 색을 표현하고 싶어 했다. 나는 흔쾌히 허락을 하고 5시간이 넘도록 시술을 받았다.

가장 시간이 오래 걸린 건 파란색이었다. 하얗게 탈색을 해야만 색을 넣을 수 있었기 때문이다. 그런데 그때 내가 내 머리에 대해 알게 된 사실이 있다. 나의 머리에는 동양인들이 가장 많이 가지고 있는 붉은 색소가 적게 들어 있는 것이었다. 그때 경험을 통해 나의 모발을 정확히 알 수 있었고, 다른 사람들과 차이가 있다는 것을 알게 되었다.

그래서 컬러 공부에 관심을 갖게 되었고 동양인의 색소를 알고 싶었다. 이런 공부를 통해 다양한 커트 스타일뿐 아니라 컬러로도 다른 느낌을 줄 수 있구나 알게 되었다. 컬러도 웜 톤과 쿨 톤의 색을 정해서 시술을 해도 고객이 가지고 있는 멜라닌 색소가 다르기 때문에 똑같은 컬러가 나오지 않는다.

멜라닌 색소가 진하면 염색약의 밝기로 나오지 않는다. 반대로 색소가 진하지 않으면 생각했던 것보다 밝게 나오기도 한다. 머리색을 들여다보면 어느 정도 밝기로 나올지 알 수 있다. 이런 밝기 조정은 산화제로 조절을 할 수 있는데 이것 또한 실습이 필요하다.

초급 디자이너가 급히 나에게 다가와 물었다.

"선생님, 두 사람을 같은 약으로 발랐는데 밝기가 달라요. 어떻게 하죠?"

가서 직접 보았다.

"선생님, 산화제를 같은 걸 사용했나요?"

"네, 왜요? 그게 문제가 있나요?"

"음, 한 사람은 모발이 두껍고 색소가 진한데, 한 사람은 모발이 얇아요. 두껍고 얇은 모발은 큐티클 안의 색소를 빼내는 속도가 달라요. 그리고 염색이 작용하는 시간이 다르기 때문에 다르게 반응을 해요. 그래서 산화제를 다르게 사용했어야 해요."

그 디자이너가 전혀 몰랐다는 대답을 했을 때 조금은 안타까웠다.

이런 사실은 사전에 염색의 원리를 조금만 공부를 했다면 알 수 있었던 일이다. 안타깝지만 욕심이 많은 미용인들은 너무나 많은데 어떤 걸 어떻게 공부해야 하는지 모르는 미용인들 또한 너무나 많다.

2년 이상의 스태프 생활을 하면서 이론과 실습을 배우고, 많은 고객들의 머리를 시술을 하는데 사수 격인 디자이너들에게도 문제는 있다. 염색을 골고루 바르는 것만 집중적으로 알려줄 뿐 색에 대한 지식을 알려주는 디자이너는 많지 않다. 하지만 그런 부분들을 직접 공부해야 하는 스태프들도 색이 표현이 되는 원리에 대해 관심을 가지지 못한다. 스태프 시절, 선생님과 시술을 할 때 관심을 조금이라도 가졌더라면 충분히 공부가 되었을 일이다.

2년 후에 디자이너가 된 후 많은 시행착오를 겪는다면 스태프 시절에 단순 노동만 했을 가능성이 크다. 시술을 하면서 궁금해야 하는 것들이 너무나 많은데 따라다니며 질문을 하지 않은 스태프들은 디자이너가 되면 물어볼 선생님이 없다. 모두들 자신이 노력해서 만들어낸 기술을 함

부로 가르쳐주려고 하지 않기 때문이다.

힘든 과정을 거치면서 자신의 노하우로 만든 기술을 누가 선뜻 조건 없이 가르쳐주려고 하겠는가. 하지만 이젠 SNS를 통해 많은 디자이너들이 자신의 노하우를 공개하는 채널이 있으니 처음부터 많은 것을 배우려 하지 말고 두 가지 스타일에만 집중을 해보길 바란다.

여유로운 시간에 고객과 관계를 맺어라

여유로운 시간에 당신은 무엇을 하고 있습니까? 혹시 파마를 말아놓고 고객을 혼자 방치하고 핸드폰을 하고 있진 않나요? 나는 고객이 한 명이 있을 땐 그 고객과 친구가 되길 바라는 마음으로 고객의 옆에 앉아 이야기를 한다. 내가 말하기보다 내가 고객에게 궁금한 걸 물어본다. 그러면 고객은 이내 보던 책을 덮고 내가 물은 말에 대답을 하기 시작한다. 주로 물어보는 이야기는 요즘 핫 이슈나 관심사인데 내가 관심을 갖고 리액션을 하면 고객은 더 말을 하고 싶어 내가 말을 끊을 수도 없이 이야기를 한다. 하루 종일 매장에 매여 있는 나에게 고객은 밖에서 일어나는 일들을 이야기해주기도 한다.

우물 안의 개구리처럼 머리만 보는 나에게 주변에서 일어난 일들과 자신이 지금 하고 있는 재미난 이야기들을 이야기한다. 뜻하지 않게 정보를 주기도 한다.

지금 살고 있는 지역에서 20년을 살았다고 한 고객이 지역 상품권에 대해 이야기한 적이 있다. 지역에서 5%를 싸게 팔아 지역에서 쓸 수 있는 상품권을 이야기해주었다. 그런데 그 상품권으로 물건을 구매할 수 있는 곳이 없어 고민이라고 했다. 개인사업자라면 상품권 사용처를 등록할 수 있다는 것이었다. 나는 미팅 시간에 그 사실을 공유했고 알아본 결과 등록을 할 수 있었다.

그 후 SNS에 올렸고 시청에서 발급한 상품권 사용처라는 스티커도 받아서 붙일 수 있었다. 아이를 키우는 엄마들과 25세 청년에게 지급되는 상품권도 동일한 상품권이기 때문에 많은 고객들이 사용하기 시작했다. 한 달에 한 사람당 50만 원을 구매할 수 있는 상품권은 자신이 다니고 있는 미용실에서 사용이 가능하고 50만 원으로 한꺼번에 정액권을 구입하면 미용실에서도 할인을 받기 때문에 더 이익이다.

그런 정보는 고객과 소통을 했기 때문에 알 수 있는 일이었다. 단순히 이야기를 들어주는 것만이 아닌 때로는 그런 좋은 정보들도 얻을 수 있다. 사사로운 대화도 고객은 긴 시간을 머리를 하며 수다 떠는 걸 즐거워한다.

목욕탕에 가면 찜질방에 삼삼오오 모여 있는 여자들은 찜질을 하러 가는 것보다 수다를 떨기 위해 모인다고 한다. 웃기는 말로 그곳에서도 모임이 있다고 한다. 매일 만나 이런 이야기 저런 이야기를 하기 위해 모인다고 한다. 그만큼 여성 고객들은 이야기하는 걸 좋아한다. 그런데 여럿이 말하는 걸 좋아하는 사람도 있고 둘이 말하는 걸 좋아하는 부류도 있다. 각기 성향은 다르지만 가만히 앉아 기다리는 것보다 이야기하는 걸 좋아한다는 말이다. 관계는 대화로 인해 맺어진다. 머리만 해서 돌려보내는 건 다음에 그 고객을 다시 만날 수 없을 수 있다는 말이다.

예약이 없는 경우에는 주로 SNS를 보며 시간을 보낸다. 다양한 정보가 있는 SNS는 시간 가는 줄 모르고 들여다볼 때가 많다. 이미 많은 디자이너들도 SNS로 열심히 자신을 드러낸다. 그런데 정보도 중요하지만 내 고객 관리를 SNS로도 한다. 고객과 친구 맺기가 되어 있으면 고객의 사생활까지도 쉽게 볼 수 있는 장점이 있다. 그래서 나는 SNS를 통해 고객과 소통을 하기도 한다. 음식점에 간 사진이 올라오면 그곳이 어디인지 물어보고 같이 공유도 하고 자세한 리뷰를 고객에게 들을 수 있다.

내 고객이 아니더라도 내가 하는 일에 관련한 이미지를 올리면 DM으로 질문을 한다. 그렇게 질문을 받을 정도의 레벨이 되려면 지속해서 시술 사진을 올려야 한다. 모델처럼 예쁘게 올려야 하는 것은 아니다. 뒷모습을 담은 스타일만 올려도 충분하다. SNS를 보면 스타일이 예쁘지 않지만 꾸준히 업로드한 디자이너가 방문자 수가 많다.

한 달에 1,500만 원의 매출을 올리기 어려웠던 친구가 매일 고객의 뒷모습을 찍은 사진을 2년 동안 꾸준히 올린 결과 평균 3,000만 원의 매출이 되었다. 많이 할 때는 6,000만 원의 매출을 올린 적도 있다.

SNS는 그만큼 사람들의 이목을 집중시키는 곳이다. 친구가 되어 있으면 계속 그 사람들에게 존재가 알려진다. 그러면서 한 번쯤 방문을 하고 싶게 하는 것이다.

오히려 모델처럼 예쁘기만 하면 사람들은 만들어진 이미지라는 생각이 들어 관심을 덜 갖게 되는 것이다. 물론 현실적인 사진을 예쁘게 찍으면 좋겠지만 매일 올리는 자체만으로도 충분히 나를 알릴 수 있다. 사진을 찍는 건 어려운 일은 아니다. 너무 완벽하려고 하기보다 매일 사진 올리는 것에 집중하면 된다.

카톡에는 고객의 프로필이 있고 수시로 바꾸는 고객의 이미지를 볼 수 있다. 매장의 행사를 전달할 때 쓰는 카톡을 한가한 시간에 들여다보고 고객의 머리스타일을 미리 구상할 수가 있다. 예고 없이 방문한 고객의 머리를 닥쳐서 하기보다 미리 구상을 해놓으면 머리를 하는 자신도 즐겁게 일을 할 수가 있다. 따로 연락을 해서 오해의 소지가 있는 분들은 제외하고, 개인적으로 카톡으로 안부 메시지도 보내고 머리 손질에 대한 부분도 상담해줄 수 있다.

여유 시간을 의미 없이 보내는 것보다 고객과 한 번이라도 소통할 수 있는 기회를 만드는 것에 집중을 하면 친해지는 데 1년 이상 걸릴 관계를

2~3개월 만에도 친한 고객으로 만들 수 있다.

한 번의 방문으로 만족을 하고 가셨는지 여부를 확인하는 해피콜을 한다. 머리 손질이 불편하지는 않았는지 스타일은 마음에 드는지 메시지를 보내고 답을 기다린다. 보통의 고객들은 답변을 해준다. 마음에 든다, 혹은 어딘가 불편하는 답이 온다. 그런데 왜 고객은 수정하러 재방문을 하지 않는 것일까?

시간이 없어서 또는 귀찮아서이고 무서운 현실은 '다음에 안 가면 되지.'라는 생각이다. 물건을 팔아놓고 후기를 모르면 개선이 될 수 없다. 이런 소통은 나를 더 성장시킬 수 있는 방법이기도 하다. 재방문을 하고 수정해달라고 하는 고객보다 더 무서운 건 묵인하고 재방문을 하지 않는 것이다.

요즘은 고객의 스타일보다 디자이너가 얼마나 나에게 관심을 갖고 편하게 대해주느냐가 더 중요하다. 스타일은 덜 마음에 들어도 디자이너가 친근감 있게 대해주면 스타일은 반복적인 방문으로 만족을 줄 수 있다. 예전에는 스타일이 맘에 들면 친근감을 갖는 게 첫 번째였는데 지금은 스타일을 비슷하게 만들어주는 디자이너들이 많아 관계를 더 중요하게 생각해야 한다.

가끔 고객의 카카오톡에 올려진 사진에 관심을 가져야 한다.

"고객님, 카카오톡 사진에 어디 다녀오신 것 같은데 어디 다녀오신 거예요?"

"아, 남자친구랑 핑크 뮬리 보러 다녀왔어요."

"너무 좋았겠어요. 저도 가보고 싶었어요."

"진짜 너무 예뻐요. 한번 가보세요. 꼭 남자친구와 가야 해요."

"진짜요? 하하하."

고객은 다녀온 곳을 나에게 말하기 정신없었고 나는 머릿속으로 상상을 하며 즐거운 이야기를 이어갔다. 이런 이야기의 소재를 끌어올 수 있었던 건 여유로운 시간에 고객과 대화를 했기 때문이다. 대화는 고객의 일상을 주제로 해야 한다.

그것을 마음껏 활용을 해야 더 많은 고객들과 재미있게 일을 할 수 있다. 돈을 버는 것도 중요하지만 일이 즐거워야 한다. 그런데 대화의 소재를 찾는 것이 어렵다. 하지만 고객의 사진을 보고 대화를 한다면 모르는 이야기를 하는 것이 아니기 때문에 공감하며 이야기를 할 수 있다. 재미있게 일하기를 원한다면 내 고객에게 관심을 갖고 공감하기를 바란다. 나는 그렇게 일을 했기 때문에 단기간에 친구, 동생, 언니, 이모 같은 고객을 만들 수 있었다.

지금도 한가한 시간에 고객과 다양한 방법으로 소통을 한다. 어떤 고객은 다리가 부러져 깁스를 하고 두 달째 집에서 못 나오고 있다는 안타까운 이야기도 들었다.

가족들이 다 나가고 나면 혼자 있을 고객에게 카카오톡으로 안부를 묻고 간단하게 대화하기도 한다. 고객은 고객으로만 대하지 말아야 한다.

▶ ▶ ▶ 05

월급의 10%는 고객의 선물을 준비하라

연말이나 명절날은 가족들에게 선물을 준비한다. 나를 낳아주고 키워주신 감사의 마음과 내가 살아갈 수 있는 원동력이 되는 든든한 정신적 지주에게 드릴 수 있는 선물을 준비하는 건 내가 돈을 버는 이유 중 하나이다.

사랑하는 가족들에게 마음을 표현할 수 있는 능력을 부여해주신 고객들이 있다. 서로 필요한 부분을 만족시키고 대가를 받는 것이 당연한 일이지만 항상 감사하고, 내가 일을 함에 있어 보람을 느끼게 해주는 고객님들. 내 삶의 원동력을 만들어주시는 두 번째 가족이다. 그래서 고객에게도 나의 마음을 표현하는 것이 당연한 일이다. 멀리 있는 가족들보다 더 자주 만나고 일상 이야기를 하며 서로를 응원해주는 관계로 한 달 한 달씩 삶의 스토리를 이야기하며 서로를 응원해준다.

두 번째 가족에게 마음을 담아 디자이너들과 선물을 준비한 적이 있다. 기뻐하는 고객들의 얼굴을 떠올리며 손수 만들어 정성을 담아냈다. 기성품도 많이 있지만 정성이 들어간다면 더 감동을 줄 수 있다는 생각에 고객들에게 나눠주었던 적이 있다. 준비한 선물은 레몬청과 김치였다. 레몬청은 쉽게 만들 수 있는 것이지만 김치를 담그는 것은 상상도 못하는 일이었다. 너무나 획기적인 디자이너의 아이디어에 힘을 실어주었고 적극 응원했다. 날을 정해서 각각 두 디자이너 집에 모여 유자청과 김치를 만들어 포장까지 해서 한 달에 걸쳐 고객님들께 나누어주었다.

고객들은 감사 표현을 넘어 유쾌한 웃음이 끊이지 않았다. 준비하는 내내 디자이너들도 행복을 느끼고 고객들에게 나누어줄 생각을 하며 열심히 준비했다. 모든 고객들에게 전달 드리지 못한 것이 못내 아쉬웠지만 내년을 다시 기약했다.

고객들은 미용실에서는 예쁘기만 하던 머리인데 홈 스타일링을 하는 데 있어 어려움을 호소한다. 전문가처럼 드라이를 하고 싶은데 쉽게 되지 않는다고 한다. 가끔 TV를 보면 홈쇼핑에 브랜드 미용실 CEO들이 드라이를 잘할 수 있는 개발품을 가지고 등장한다. 언뜻 보면 비전문가도 손쉽게 따라 할 수 있을 것 같지만 정작 구입을 해서 사용해보면 사용이 어렵다고 이야기하는 사람들이 많다. 한두 번 구매를 해서 사용해본 사람들은 두 번 다시 제품이 나와도 구매를 하지 않는다. 고객들은 얼마나 쉽게 손질을 하고 싶기에 비싼 제품들을 구매를 할까? 생각해보았다. 사실 앞머리만 손질이 잘되면 고민을 하지 않을 것이다.

내가 해준 스타일을 예쁘게 손질해보길 바라는 마음에 그루프를 준비를 했던 적이 있다. 값이 싸고 사용하는 방법을 손수 보여주며 챙겨드린 적이 있다. 대중적인 앞머리 볼륨 스타일을 연출해주기 때문에 그루프는 비용 대비 아주 효과적인 제품이다. 직접 사는 곳을 알려주고 구매해서서 사용해보라고 하면 귀찮아하는 고객들이 많다.

그래서 나는 직접 구매를 해서 하나하나 포장해서 나누어드렸다. 한 달 후 고객이 방문을 했는데 머리 손질을 아주 잘하게 됐다고 좋아했다.

고객들 중 특별한 고객들도 존재한다. 자주 방문을 해서 매출에 큰 영향을 주는 고객은 따로 특별한 선물을 준비한다. 월급의 10%를 일반적인 고객들의 선물을 준비하는 지출로 잡고 가끔 특별한 고객들에게는 개별 선물을 준비하기도 한다.

특별한 고객 중 축농증으로 고생을 하시는 고객이 있었다. 그 고객은 한 달에 두 번은 방문을 했다. 파마와 염색은 기본이고 머릿결에 좋다 하는 걸 자주하셨다. 그분이 나에게 머리를 하는 비용이 한 달에 60만 원 정도였다. 정말 특별한 고객인 것이다. 그 고객은 매번 와서 코가 아프다는 말을 했다. 그런데 병원에 가보니 축농증 수술을 해야 한다는 말을 했다고 하셨다. 전부터 수술은 재발 위험성이 있어 권하지 않는다고 알고 있었다. 그래서 나는 고객이 너무 걱정이 돼 인터넷을 찾아보니 축농증에 좋은 약재를 달여 파는 농장이 있었다. 그곳에 직접 전화를 걸어 약을 주문해드린 적이 있다. 적지 않은 비용이었는데 나는 고객이 아프지 않기를 바랐던 마음이 더 컸다. 그 고객에게는 그것이 10%라고 생각했다.

아프면 모든 것이 귀찮고 아무리 좋은 음식도 먹기 싫어지기 때문에 나는 내가 알고 있는 한에서 정보를 알려주고 해줄 수 있는 범위에서 선물을 하려고 한다.

　고객들은 하나같이 머리할 때 지루하다는 말을 한다. 그런데 겨울엔 머리를 여러 번 감아야 하는 시술을 하게 되면 추위도 견뎌야 한다. 감기에 걸리지 않을까 걱정을 하고 춥지 않도록 담요도 준비를 해둔다. 하지만 머리가 추운 건 담요로 해결이 어렵다. 돈을 지불을 하며 힐링을 위해 머리를 하는데 즐거워야 하는 시간이 힘들고 지루하다면 머리를 할 때마다 불편했던 기억들을 떠올리며 미루게 된다. 그래서 꼭 해야 되는 일이 있지 않고서는 방문을 미루게 된다. 그래서 작게나마 위안이 될 수 있도록 추위를 달래줄 핫팩을 준비해두었다. 오랫동안 앉아 있어야 하는 고객들에게 하나씩 드리면 가실 때까지 손에서 핫팩을 꽉 쥐고 놓지 않는다.

　선물이라 하면 대단한 거라 생각하지만 당장 고객이 미용실에 와서 불편하거나 심심함을 달래줄 만한 소소한 것을 준비하면 충분하다. 겨울엔 손이 거칠어질 수 있는데 그럴 땐 핸드크림을 자주 찾게 된다. 하지만 집에서 핸드 마스크를 하는 사람이 얼마나 될까. 물어보지 않아도 거의 하지 않을 것이다. 잠시 머리를 하며 기다리는 시간을 활용해 고객의 손에 핸드 마스크를 씌워주면 좋아했던 적도 있었다. 그런데 한 가지 문제가 있었다. 핸드 마스크를 끼면 핸드폰 터치가 안 되기 때문에 핸드폰을 만질 수가 없었다. 그래서 생각해낸 방법이 엄지손가락 부분과 집게손가락 윗부분을 가위로 잘라 구멍을 내서 액정을 터치할 수 있도록 했다.

웃길 수도 있는 장면이지만 이것 또한 작은 배려였던 것이다.

매번 다양한 선물을 준비하고 고객의 모발도 관리를 해줘야 한다. 모발이 손상이 되면 결국엔 나의 어려운 숙제가 된다. 고객 입장에선 두 달에 한 번 스타일을 다시 바꾸거나 파마를 다시 하는 시술을 하며 기분 전환을 하는데 내가 관리를 잘 못해주면 머리를 할 수 없게 된다. 손상이 되게 한 책임도 있고 미용실에 자주 방문을 못 하게 되는 것이다.

성격이 급한 고객은 다른 미용실에 가서 머리를 하고 나에게 다시 찾아온다. 당연 망쳐버린 상태로 말이다. 모발이 손상이 돼서 시술을 못 할 때는 고객을 그냥 방치해선 안 된다. 집에서 직접 관리를 할 수 있도록 제품과 사용 방법을 알려주고 사용 후 방문 주기를 정해주어야 고객이 방황을 하지 않는다.

이런 선물들이 모든 고객을 만족시킬 수는 없지만 고마움을 전하는 것만으로도 고객은 나에게 무엇으로든 감사함을 전하려고 한다. 이런 선물들로 나는 고객들에게 많은 선물을 돌려받았다. 같이 일하는 동료들은 나와 같이 있으면 먹을 것이 풍족해 좋다고 말하며 부럽다는 말을 한다.

"선생님, 고객들은 선생님을 엄청 챙기는 것 같아요."

밥을 굶고 일할까 봐 떡을 한 상자 보내주시는 분과 집에서 직접 에어 프라이에 구운 고구마, 삶은 옥수수, 손발이 따뜻해야 건강하다며 핫팩, 여행가서 돌아오면서 지역 특산물 등 너무 많은 선물들을 받곤 한다.

물론 이런 것들을 원하고 선물을 했던 건 아니다. 어느 순간 이렇게 사랑을 받고 있구나, 느낀 것이다. 시간이 지나면서 나의 10% 선물 지출은 늘어났다. 이유는 내 급여도 늘어났기 때문이다.

아무것도 하지 않으면 고객의 사랑도 매출도 지금에서 머무를 것이다. 우리나라 사람들은 서로가 먼저 손 내미는 일을 어색해한다. 하지만 상대가 먼저 내민 손은 거절하지 않는다. 오히려 감사하고 받은 만큼 돌려주려 하는 마음은 우리나라 사람들이 최고이다. 내가 고객이라면 하는 마음을 항상 생각해야 한다.

노력하지 않으면 무엇도 달라지는 것은 없다. 오늘은 무엇을 생각하며 하루를 보냈는지 기억에 남아 있어야 한다. 행복한 일들이 많았다면 나를 만났던 고객들도 행복했을 것이다.

06

고객 한 분 한 분의 구체적 사항을 메모하라

나는 고객과 대화하기가 가장 어려운 사람 중의 한 사람이었다. 요즘 고객은 디자이너와 소소한 대화를 나누며 힐링하기 위해 방문한다. 고객과 더 가까워지려면 대화를 잘해야 한다는 것을 알게 된 시점이었다. 시술을 할 때 가장 걱정되는 부분이 고객과 어떤 대화를 해야 할까 하는 것이었다.

한두 번 머리를 잘라주었음에도 친해지지가 않는 경우가 많다. 고객의 얼굴도 내가 머리를 했었는지 기억이 안 날 때도 종종 있었다. 디자이너들이 많은 매장은 내 고객이 아닌데도 얼굴을 기억하는 경우도 있다.

두 번 정도 머리를 잘라주었는데도 서먹함을 지울 수 없을 때도 있다. 그냥 기계처럼 일할 때가 많다 보니 대화를 할 때도 고객의 말을 건성으로 흘려버리는 것이다. 지난 번 고객이 어떤 말을 했는지 기억을 한다면 더 좋겠지만 다 기억을 하지 못하는 경우도 많다.

억지로 기억을 하다가 아무 말도 못 하고 머리가 완성되어 돌려보내는 일도 있다. 고객을 알기 위해 소소한 질문들을 한다. 어디 사는지, 여자 친구는 있는지, 결혼은 했는지, 오늘은 어디를 가는지 이런 질문을 의미 없이 한다. 그리곤 다음에 방문했을 때 전에 물어봐서 들었던 대답들은 온데간데없이 머릿속에서 삭제되고 만다.

그러면 또 처음 방문한 고객처럼 저번에 질문들을 다시 한다. 그리고 이런 일들을 그날 술자리에 앉아 안주 삼아 재미나게 이야기한다.

"나 오늘 고객이 왔는데 아무리 생각해도 생각이 안 나는 거야."
"나가고 나서도 생각이 안 났는데 스태프가 기억난다고 하는 거야."

"하하하."

깔깔거리며 웃은 적이 있다. 아침에 출근해서 가장 먼저 예약 리스트를 체크한다. 인원수만 체크하고 점심을 먹고 예약이 없는 시간은 핸드폰으로 SNS를 본다. 오늘 당장 고객에 대한 생각은 중요하지 않았던 때가 있었다. 그래서 일을 해도 뭔가 즐겁게 일하지 않은 기분이랄까? 좀 힘들었다는 생각만 들 때가 많았다.

한 곳에서 오랫동안 근무한다는 보장을 두지 않고 근무하는 경우가 많다. 그리고 내가 없을 때 내 고객이 다른 디자이너에게 머리하는 걸 두려워했다. 그래서 데스크에 고객 리스트 메모란을 비워두기 마련이었다. 하지만 이것이 나에게도 독이 된다는 걸 알게 된 적이 있다.

자주 오던 고객이 오랜만에 방문했다. 익숙한 듯 가위를 들고 늘 해왔던 스타일을 생각하고 머리를 자르며 "머리 많이 기셨네요." 하며 과감히 길이를 잘랐다. 고객이 머리를 다 자른 후 한마디 하셨다. "나 머리 기르라고 해서 길러서 온 건데 생각이 바뀌었어요?" 순간 당황했지만 다른 핑계를 대며 얼버무린 적이 있다.

너무 죄송해서 어찌할 바를 몰랐던 기억이다. 너무나 많은 고객을 시술하다 보니 그때그때 내가 어떻게 상담을 했는지 나조차도 기억하기 어렵기 때문이다. 그래서 고객 리스트의 메모란을 항상 체크하기 시작했다. 아침에 나의 일은 내가 메모해둔 예약된 고객의 메모란을 꼼꼼히 체크하는 것을 첫 번째 일로 시작을 한다.

한번은 이런 적도 있었다. 너무나 바쁜 시간에 오랜만에 오시는 고객이었는데 파마를 하신다고 오셨다. 그리고는 저번에 했던 파마 생각 나냐고 물어보는 것이었다.

나는 다른 고객들이 기다리고 있는 것에 집중이 되어 있어서 잘 생각이 나지 않았다. 잠시 작업을 중지하고 아무리 생각해도 떠오르지 않았다. 어떻게 할지 당황스러웠다. 잠시 생각에 빠져 기억을 해보았지만 나는 더 이상 다른 고객을 기다리게 할 수 없어서 얼렁뚱땅 넘어가 "생각한 것이 있었는데 요즘 이런 머리가 더 유행인데 이렇게 해보시는 건 어떠세요?" 이내 다른 스타일을 제안했다.

하지만 결과는 낭패였다. 그 고객이 제일 싫어하는 머리가 있었는데 고객의 이미지만 생각하고 시술을 했다. 저번에 이야기했다고 하는데 내 머리 속엔 지우개로 지워진 것 같았다. 그래서 고객은 다시 방문해서 수정은 했으나 실망한 기색이 역력했다.

"음…. 저번 머리 맘에 들어서 왔었는데 기억 안 나시나 봐요."

그때의 실수로 나는 이런 생각을 했다.

'남에게 뺏기지 않으려는 욕심을 부리다 내 스스로 잃어버릴 수도 있구나.'

그 후 나는 메모란에 상세하게 메모를 해두는 습관을 가졌다. 내가 기억을 못 하거나, 내가 실수를 해서 고객을 놓치는 확률이 더 크기 때문이다.

고객에게 내가 저번 방문에 제안했던 스타일을 다시 되물으면 간단한 일이긴 하지만 고객은 내가 생각하는 구체적인 이미지를 모른다. 그리고 몇 번 자르던 스타일을 계속해서 묻는다면 고객을 귀찮게 하는 일일 수 있기 때문이다. 고객은 알아서 해주길 바란다. 그것이 단골이 되는 이유이기도 하다. 한 발 더 앞서 고객과 대화를 했던 내용들도 내가 기억을 하지 못하는 상황이라면 이 또한 메모를 해두면 자연스럽게 대화 내용을 쉽게 떠올릴 수 있을 것이다. 내가 고객과 가까운 관계가 되려면 고객에 대해 잘 알아야 한다. 이 메모하는 습관은 나와 고객이 병원의 의사들이 환자의 말을 꼼꼼히 메모를 하는 것과 같은 의미이다.

의사들도 환자의 수가 많기 때문에 일일이 환자 한 명 한 명의 사항들을 기억할 수 없고 누구보다 생명을 다루는 의사이기 때문에 작은 것 하나라도 꼼꼼히 메모를 해둔다. 머리카락은 사람이 통증을 느끼는 신체 일부는 아니다. 머리카락이 심하게 상하고 모발이 끊어져도 생명과 관계된 것은 아니다. 하지만 정신적인 스트레스와 관계가 있다. 헤어스타일이 마음에 안 들면 거울을 볼 때마다 울고 싶도록 스트레스를 받는 사람들도 있다. 견디지 못해 다른 미용실을 전전하며 마음에 들 때까지 스타일을 수정하러 다닐 정도로 예민한 부분이다. 일상 또한 행복감을 줄 만큼 중요한 부분이다. 신체의 일부를 진단하고 시술을 감행해야 하는 디자이너라는 직업을 가진 우리는 아픈 사람도 기분을 좋게 할 만큼 대단한 일이다. 그렇기 때문에 고객의 작은 말에도 귀를 기울여야 한다. 어느 날은 점장님이 나에게 이런 고객을 부탁한 적이 있다.

"다른 미용실에서 머리를 하시고 오셨는데 머리가 탔어요. 상담 부탁 드릴게요."

탄 머리라면 쉽게 시술하기 어려운 일이었다. 나는 고객에게 다가가 "고객님, 제가 머리를 잠깐 봐도 괜찮으실까요?"라고 말했다. 고객은 금방이라도 눈물을 쏟아낼 것 같았다. 자세히 보니 고객의 머리는 곱슬이었고 끝부분이 아주 심한 손상 모발이어서 잘라내야만 했다. 고객은 머리를 기르고 있던 상태였고 자연스러운 웨이브를 하고 싶어 했다. 그런데 웨이브의 끝 부분이 곱슬이 심하고 손상이 겹쳐서 그냥 둘 수 없는 상태였다.

나는 자세한 상담을 위해 메모를 했다. 그리고 조심스럽게 손상된 부분을 커트해서 스타일을 만들어 드렸다. 오랜 시간 동안 상담을 하고 내린 나의 결론은 '고객이 원하는 스타일을 만들어줄 수 없겠구나.'라는 것이었다. 그래서 최대한 상담 내용을 적용하여 나의 디자인을 이해하고 마음에 들 수 있도록 신중히 커트를 했다. 고객은 얼굴에 화색이 돌면서 너무 마음에 든다고 하며 다음에 언제 또 방문해야 하냐고 물어보았다. 나는 다음에 방문할 스케줄과 시술을 알려드리고 보내드렸다.

다음 번 방문했을 때 나는 집중적으로 상담한 메모를 보고 거침없이 시술을 할 수 있었다. 그래서 나는 고객이 가장 싫어하는 스타일만 제외하고 스타일을 만들어낸다. 이것 또한 나의 메모 습관이 있기 때문에 실수를 하지 않고 자신 있게 시술을 할 수 있었던 것이다.

많은 고객을 다 기억하고 전 시술을 기억하기는 쉽지 않다. 매달 찾아오는 고객이라면 가능하겠지만 그렇지 못한 고객들도 많이 있기 때문에 두 달 전 혹은 세 달 전 시술했던 과정을 기억해내는 나의 비결은 바로 메모다.

거침없는 시술은 고객을 안심시킬 수 있고 고객이 전에 했던 시술을 설명하지 않아도 먼저 지난번에 시술을 디테일하게 설명하면 신뢰도가 높아진다.

07

고객 입장에서 좋은 헤어디자이너는 누구일까?

　좋은 사람의 정의는 무엇일까? 착한 사람이 좋은 사람일까? 그러면 착한 사람의 정의는 무엇일까? 모든 사람의 기준은 다르다. 우유부단하거나 남의 부탁을 거절 못 하거나 남에게 배려를 많이 하는 사람을 착하다고 말한다. 그러나 그런 사람을 바보 같다고 말하는 사람도 있다. 좋은 사람도 같은 의미일까? 좋은 사람의 기준은 자신이 가진 것을 남에게 베풀고 다른 사람과 함께 융화할 줄 알고 본인이 가지고 있는 것을 나누는 사람이 좋은 사람이다. 하지만 사람마다 기준이 다르기 때문에 좋은 사람의 정의는 없다고 생각한다.

좋은 디자이너의 기준도 정의할 수 없는 것 같다. 디자이너가 모든 고객들에게 똑같은 서비스를 한다고 해서 고객들이 모두 만족할 것인가를 생각해봤을 때 '그렇지 않다.'라는 결론이 내려졌다. 입점해서 고객 카드를 쓸 때 고객의 특정 사항을 상담을 통해 메모를 한다. 조심해야 할 부분과 더 신경을 써야 하는 부분을 체크할 때 서비스의 기준도 달라져야 한다. 고객이 좋아하는 잡지책은 어떤 것인지, 차는 주로 어떤 차를 좋아하는지, 시술 도중 머리가 젖으면 춥지 않은지 체크를 하는 멘트도 있다. 이런 부분들을 고객에 맞춰 미리 체크를 해놓으면 어떨까?

어떤 고객이 일주일 전 전화로 딸의 드라이 예약을 했다.

"고객님, 그날 무슨 날이세요?"
"딸이 그날 연주회가 있는데 머리를 어떻게 올려야 할지 모르겠어요."

나는 액세서리 매장에 가서 머리를 올리고 꽂아줄 예쁜 핀을 하나 샀다. 그리고 예약 날 따님에게 머리핀을 예쁘게 꽂아주었다. 업스타일 전문 매장이 아니면 소품이 없기 때문에 핀으로 간단하게 연출을 해주는 게 다반사이지만 특별한 날인 만큼 더 예쁘게 장식해주고 싶었다. 엄마와 딸은 너무나 마음에 들어했고 기념 촬영한 사진을 나에게 보내왔다.

나는 간단하게 '10월 19일 따님 연주회'라고 메모를 남겼다. 날짜까지 기억을 하는 건 불가능한 일이기 때문에 메모를 해두고 두고두고 기억을 되짚어 이야기를 나누기 위해서이다. 고객도 그날을 나에게 가끔 이야기한다. 너무 고마웠다고 기억을 해주어 나도 보람을 느꼈다. 작은 정성을 보였지만 기억에서 잊히지 않는 추억을 만들어준 것이다. 사진은 영원히 남는 기록이기 때문에 그날의 모습을 기억하게 해주는 일이야말로 좋은 일이라 생각한다.

나는 고객이 오기 10분 전 데스크에서 입점 대기를 한다. 이유는 단순하다. 나를 만나러 오는 사람이기 때문이다. 지인과 약속이 있을 때의 일과 비유를 한다면 쉬는 날 약속을 하고 만나러 갔을 때 상대가 약속 시간보다 늦게 온다면 어떨까. 늦게 온 사람은 반가움 전에 미안하다는 말을 먼저 할 것이다. 그건 약속을 한 사이로선 예의가 아니다. 그 사람 또한 약속 시간을 지키기 위해 미리 준비를 해서 시간에 맞춰 나왔을 것이다. 그런데 상대가 늦게 나온다면 자신이 약속을 지키기 위해 서둘렀던 행동에 후회를 할 것이다.

매장에 방문하는 건 나와 약속을 했기 때문이다. 제일 먼저 나의 얼굴을 보면 고객은 환하게 웃으며 시술 자리까지 올 수 있다.

나는 고양이보다 강아지를 더 좋아한다. 그 이유는 고양이는 손님을 기다리고 강아지는 주인을 기다린다. 고양이의 보통 특징은 주인을 반기지 않고 자기가 오고 싶을 때나 찾으러 다녀야 얼굴을 볼 수 있다. 고양이는 애정결핍 유발자이다. 하지만 강아지는 주차장 차 소리 또는 발소리부터 알아보고 들어오기 전부터 꼬리를 치고 반기며 짖는다. 문을 열고 들어가면 너무 반가워 어쩔 줄 모른다. 한눈에 봐도 나를 반기는 모습은 너무나 사랑스럽다.

소가족으로 인해 집에 가면 각자 스케줄이 달라 밥도 혼자 먹게 되는 일도 많다고 한다. 그래서 반려견을 키우는 사람들이 많아졌다. 예전보다 훨씬 애착을 갖고 키우는 사람들이 많아졌다.

외국 문화를 많이 받아들인 반면 쉽게 받아들여지지 않는 것이 처음 만났을 때 격하게 환영하는 것이다. 격하게 환대하면 가식이라 생각하거나 오히려 불편함을 느끼기도 했다. 그러나 격한 환영을 부담스럽게 생각하지만은 않는다. 그런 문화가 좋다는 건 알기 때문이다. 처음엔 어색할 수도 있지만 한두 번 반복을 한다면 고객도 들어오면서 환영 인사를 받을 준비를 할 것이다.

출근하기 전 옷을 고민하게 된다. '어떤 옷이 나를 돋보이게 만들까?' 생각한다. 일반 사람보다 뭔가 전문가답고 매장에 서 있을 때 내가 돋보일 수 있는 의상을 찾는다. 나를 찾지 않아도 내가 옷차림이 멋있고 전문가답게 깔끔한 차림을 하고 있으면 고객들은 나에게 관심을 갖고 보게 된다. 바로 나에게 머리를 하겠다고는 하지 않지만 담당 디자이너가 자리를 비우게 되면 고객은 그때가 기회라 생각한다. 어느 누구든지 예쁘고 멋지게 자기 자신을 꾸밀 줄 아는 디자이너에게 머리를 맡기고 싶어 한다.

고객은 미용실에 방문할 때 자신이 변화되는 모습을 연상하지 못한다. 그래서 변화를 시켜줄 디자이너가 담당이 되면 좋겠다고 생각을 한다. 고객이 자신을 변화시켜줄 수 있는 사람을 찾는 포인트는 디자이너가 의상과 헤어스타일을 얼마나 잘 준비하고 있느냐이다. 여기에 따라 지명을 하고 50% 안심을 하고 맡긴다. 이것은 개인 브랜딩이기도 하지만 디자이너가 고객을 맞이하기 위한 당연한 모습이고, 고객의 위신을 세워줄 수 있는 신뢰를 주는 것이다. 그런 모습을 갖추고 있을 때 고객은 가격이 비싸다고 생각하지 않고 절대 깎아달라는 말을 하지 않는다. 가치에 가치를 더 하는 것이다. 디자이너의 가치가 고객의 가치인 것이다.

한 달에 한 번 월급을 받으면 옷을 산다. 나를 찾아오는 고객들에게 예쁘게 보이기 위해서이다. 예쁘게 입고 있는 날은 오랫동안 나에게 머리를 한 고객들도 나를 계속 쳐다보는 느낌을 받는다. 일부러 아는 척을 하지는 않지만 고객이 나에게 물어보는 경우가 있다. 옷을 어디서 사냐고 질문을 받은 경험이 많다. 나는 가까이에서 입어보고 사는 걸 좋아해서 고객에게 옷 가게를 알려주고 미리 옷 가게 사장님에게 언질을 준 적도 있다. 혹시 이런 분이 가시면 내가 산 옷을 마음에 들어하셔서 가신 거니까 예쁘게 코디해주라고 말해둔다. 나는 고객이 머리에서 발끝까지 예뻐지길 원하기 때문에 순간순간 코디를 해주는 편이다.

팬서비스라는 것을 한다. 나를 찾아와주시는 고객에게 팬서비스로 가장 좋은 것은 기술이다. 나는 반 공인이다. 고객이 너무나 많은데 한두 번의 시술을 했다고 해서 다 기억을 하지는 못한다. 그것이 내가 반 공인이라는 것을 입증한다. 나는 기억을 하지 못하는데 나에게 시술을 받고 어느새 나의 팬이 되어 있다는 것이다. 한 번의 시술로 지인들을 소개해 주기도 한다.

왜 그럴까 생각을 해본 적이 있는가? 나를 좋아하게 되었기 때문이다. 좋아하게 만든 것은 무엇일까? 반대로 안 좋아하게 한 것은 무엇일까? 좋은 디자이너의 정의는 고객이 나를 좋아하게 만드는 것이다. 그것이 무엇일까 고민을 해본다면 고객부터 파악해야 한다. 각자 좋아하는 이유는 다르다. 다 맞출 수 없지만 그것 또한 대중적인 팬 서비스가 아닐까? 나의 팬을 위해 무엇을 할 것인가? 내가 무얼 해줄 수 있을까 고민해보아라. 그것이 결코 큰 것은 아니다.

나는 고객과 작은 스킨십을 한다. 만나면 손바닥 맞춰 하이파이브를 한다거나 헤어질 때는 고객의 손을 잡고 인사를 한다. 나보다 어린 고객에게는 어깨나 등을 살짝 쓰다듬으며 인사를 한다. 친근감을 나타내는 태도이다. 그런 표현을 고객들은 좋아한다. 뭔가 굉장히 친근감의 표현이기도 하다.

만나면 오랜만의 친구를 만나는 것 같고 친척을 만나는 것 같기도 하다. 내가 고객을 알아가려고 하고 고객과 소통하려고 노력하다 보면 어느새 고객은 나에게 다가와 있다. 연말이면 용돈도 주시고 계절마다 나오는 과일이나 음식들도 챙겨주신다.

이 모든 일들은 내가 고객들에게 관심을 갖고 고객에게 최선을 다한 결과이기도 하다. 좋은 디자이너란 고객의 마음을 알아주는 것이다. 원하는 걸 알기까지 고객에게 진심을 다해야 한다.

08

진정성 있는 서비스는 통한다

고객들은 기분 전환을 하고 싶을 때 미용실을 먼저 떠올린다고 한다. 머리를 예쁘게 하고 나면 기분이 좋아지기 때문이다. 나 또한 여자이기 때문에 머리 변화를 자주 주는 편이다. 그러나 나는 스타일만 만족하게 하는 것보다 감동도 느끼게 해주면 더 좋을 거라는 생각을 했다.

그래서 고객이 왜 머리를 하러 왔는지를 항상 물어본다. 질문에 대답은 그날의 내 숙제를 나 스스로 만드는 것이다. 그 숙제를 진정성 있게 풀려고 노력한다.

진정성에 필요한 건 진심이기 때문에 그 순간 감동을 줄 수 있는 포인트를 찾는 것이다. 대부분의 사람은 그렇게까지 해야 하나 하고 말할지 모르지만 왜 진정성을 담아야 하는지는 결과가 말을 해주기 때문에 난 그렇게 해야 한다고 말하고 싶다.

브랜드가 같은 매장이 붙어 있다 보면 고객이 두 곳을 다 경험하고 싶어 한다. 브랜드의 장점은 한곳에서 정액권을 구매하면 다른 지점에서도 사용이 가능하다는 것이다. 나는 먼저 생긴 지점에서 근무를 하다가 두 번째 생긴 매장으로 옮긴 적이 있다. 고객은 내가 옮긴 곳으로 바로 오지 못하고 근무하던 곳에서 머리를 한 적이 있다. 그때만 해도 고객과 친하게 지내지 못하던 시절이었다. 그렇게 고객의 선택을 기다려야 하는데 그 고객의 엄마가 나에게 머리를 하면서 말을 해주었다. 우리 딸 결혼해야 하는데 저쪽 미용실에서 염색을 하고 원하던 색이 안 나와서 속상해하고 있다는 것이다. 너무 안타까운 마음에 "제가 수정해드릴 테니 오라고 하세요."라고 말했다.

그 말을 전달받은 딸은 결혼에 임박해서 빠른 방문을 했고 하고 싶었던 머리를 설명해주었다. 설명을 들은 나는 원하는 색으로 염색을 해주었다. 그리고 돈을 받지 않았다. 같은 지점에서 한 고객이기 때문에 수정을 해줘야 브랜드 이미지가 산다는 생각을 했다.

그리고 딸의 결혼을 축하한다는 의미로 어머니의 머리 값도 받지 않았다. 내가 전한 선물로 예쁘게 사진이 나온다면 더 바랄 게 없었다. 그리고 고객은 나를 전적으로 신뢰하게 되었고, 4년이 지난 지금도 나의 고객으로 어디를 가도 나에게 머리를 하러 오신다.

진심은 정해진 방법이 없다. 마음이 전달이 되면 진심인 것이다. 다만 도가 지나치지 않을 정도의 진심을 표현하는 것이면 되고 명목이 있는 진심을 표현해야 하는 것이다. 과도한 진심의 표현과 명목이 없는 진심은 오해를 부른다. 특히 나와 성별이 다른 고객은 조심을 해야 한다. 여자 친구가 있거나 부인이 있을 때 너무 친한 척을 한다거나 과한 서비스를 하면 오해를 하게 된다. 남자 직원이 여자 고객에게 핸드 마사지를 해드린 적이 있다. 매장에 방문하는 시술 고객들 위주로 핸드 마사지 서비스를 하는 시스템이었는데 남자 직원이 여자 고객을 핸드 마사지하며 재밌게 대화하는 장면을 보고 남자 친구가 엄청 화를 내며 남자 직원의 멱살잡이를 한 적이 있다. 모든 사람들이 놀라고 본사로 사건이 넘어가 핸드 마사지는 남자 직원이 안 하는 걸로 결론을 지은 적이 있다. 아무리 좋은 서비스도 고객의 입장을 고려해서 해야 한다는 걸 알게 되는 사건이었다.

나의 오래 된 고객님 중에 한 분은 직장을 그만두게 되는 일이 있었다. 남편분이 많이 아파서 병원에 입원을 하게 되었고 더욱 악화되는 병마와 싸워야 했다. 그래서 고객님은 남편분과 병원에서 상주하다시피 해서 무척 힘든 시간을 보내고 있었다. 때문에 매일 환자들만 보고 있으니 너무 힘들다고 말한 적이 있었다. 그러던 중 그날은 남편분이 이제 돌아가실 날이 얼마 남지 않으셨다는 것이다. 마음의 준비는 하고 있었지만 마음이 무거워 남편이 죽기 전에 깔끔하게 머리 정리를 하러 오셨다고 했다. 그 말이 끝나고 나는 고객에게 어떻게 위로의 말을 해야 할지 떠오르지 않았고 무슨 말을 한들 위로가 되겠냐는 생각이 들었다.

무거워진 마음에 머리를 자르는 동안 위로해드리고 싶다는 생각으로 가득 찼다. 머리를 자르고 샴푸를 하러 들어가신 시간에 창밖을 보며 고민을 하는데 밖에 꽃을 파는 아저씨가 보였다. 순간 나는 고객에게 꽃을 선물해 드려야겠다고 생각을 하고 바로 뛰어 내려가 프리지아 꽃 한 다발을 포장해서 샴푸하고 돌아온 고객에게 내밀었다.

"고객님, 꽃 좋아하세요? 병원에 계시느라 꽃을 못 보실 거 같아 사왔어요."

"어머, 무슨 꽃이야? 너무 예뻐요. 고마워요."

그분은 환한 표정을 지으셨다. 나갈 때까지도 나에게 고마움을 어떻게 표현해야 할지 모르겠다고 하고 나가셨다. 나도 너무 행복한 순간이었다. 고객은 생각지 못한 상황에 작은 것에서 감동을 받는다. 진정성을 표현하는 건 그리 어려운 일은 아니다. 고객의 마음을 알아주는 것만으로도 고객은 감동을 받을 수 있다는 것을 또 한 번 느끼게 해준 일이었다. 나는 고객이 나가는 순간 웃음과 감동을 목표로 한다. 그래야 고객의 기억에 내가 남기 때문이다. 명함보다 나의 얼굴을 기억하도록 하는 것이 가장 큰 보람을 느끼게 하기 때문이다.

한 번은 홍콩에 남편이 주재원으로 가신다는 고객이 있었다. 너무 아쉬웠다. 그래서 나는 마지막이 될지 모르는 그 고객의 머리를 정성 들여 해드리고 차 한잔 드릴까요? 물어 보았다.

"혹시 카페라떼 있어요?"라고 하는 것이었다. 매장에선 라떼 기계를 관리하기가 어려워서 라떼를 제공하지 않는다. 평소 같으면 없다고 말했을 텐데 잠시 생각한 뒤, 나는 잠시만 기다리시라고 하고 얼른 뛰어나가 커피 집에서 라떼를 사다 드렸다.

"오늘이 마지막일 거 같아서 그동안 감사 표시의 인사예요."

그렇게 고객은 홍콩으로 떠나셨고 가끔 그분을 내가 떠올리며 일상을 보내고 있을 때쯤 그분과 동명인이 예약이 되어 있는 것이다. 나는 설마라는 생각으로 그분의 기록을 확인했다. 그런데 바로 홍콩으로 떠난 고객이었다. 고객은 한 해가 지나고 여름휴가를 나와 나를 찾아오셨다. 찾아와주신 것만으로 너무 감사한 일인데 머리를 하고 휴가 때마다 나와서 머리를 하실 거라고 정액권을 끊고 가시는 것이다. 진정성 있는 서비스가 무엇일까 고민하고 옛날 미용사라면 더욱이 이런 일들을 받아들이지 못할 수도 있을 것이다. 나조차도 이렇게까지 서비스를 해야 하나 하는 생각을 했기 때문이다.

'기술만 잘하면 되지 뭘 이런 것까지 해야 해?'라는 생각을 말이다.

하지만 정말 내가 유명한 디자이너가 아니라 또는 정말 기술이 뛰어난 디자이너가 아니라면 생각해볼 문제이다. 고객은 친구 따라 강남도 자주 간다. 몇 달 안 오시다 보면 머리가 달라져 있다.

"저 친구가 머리 하는 곳에 따라 갔다가 머리하고 왔어요."라는 말에 쓸쓸함이 있다. 그 말에 고객에게 미안해진다. 말은 그렇게 하지만 고객은 뭔가 특별함과 색다른 경험 또는 스타일을 바꿔보기 위해서라도 다른 곳을 방문한다.

그런 부분 또한 신경 쓰지 못해 내가 고객을 강남으로 보낸 것이나 다름이 없다. 이제는 누구나 서비스를 잘한다. 하지만 이제 퍼스널 서비스가 필요하다. 그것이 바로 진정성 있는 서비스가 아닌가.

인기 많은 연예인은 보기만 해도 행복해지는 감동을 준다. 처음부터 그런 것은 아니다. 무명으로 시작해 본인이 가지고 있는 매력과 시청자들의 마음을 울릴 수 있는 끼를 발산하며 몇 분 안 되는 방송 분량에 최선을 다한다. 하지만 그에 비해 우리는 고객에게 나의 기술과 서비스를 전달할 수 있는 시간이 더 많다.

항상 고객의 입장에서 생각하고 나라면 어떻게 했을 때 불편함을 느끼고, 감사함을 느낄지 항상 고민해야 하는 것이 필요하다. 그것은 내가 고객을 원하고 내가 고객이 없으면 나라는 사람은 더 이상 디자이너가 아니기 때문이다.

많은 경험과 노하우를 갖게 하는 것도 고객이고 나의 삶을 풍요롭게 하는 것도 고객이다. 이런 점은 극히 누구나 알 것으로 생각한다. 아는 걸 몸소 실천하는 마인드를 가진 디자이너가 성공하는 것이다.

진정성 있는 감동은 나의 팬을 만들기 위함이다. 나는 반 공인이라는 점을 잊어선 안 된다. 기술이든 서비스든 감동은 퍼스널이다. 만족보다는 감동을 우선으로 해야 한다.

한국 TONI&GUY 근무 당시 영국으로 연수갔을 때 거리에서

영국 TONI&GUY 미용실 방문

필자가 직접 디자인한 모델과 함께

필자가 직접 디자인한 모델과 함께

3장

실전
연습이
답이다

매일 아침 거울 속 나의 입꼬리를 체크하라

내 얼굴은 어떤 표정을 하고 있는가 생각해본 적이 있는가?

나는 왜 표정에 신경을 써야 하는가. 그것은 우리가 서비스를 하고 있기 때문이다. 서비스를 하는 사람은 왜 부드러운 표정을 지어야 하는지 생각해본 적이 있다. 부드러운 표정의 말투와 무표정의 말투가 다르다는 걸 느꼈기 때문이다. 기분이 좋을 때와 기분이 나쁠 때 말투를 비교하면 확연히 다르지 않은가? 웃지 않는 표정으로 가만히 있을 때 부드러운 얼굴을 타고난 사람이 그리 많지 않았다. 일부러 웃지 않거나 좋은 일이 있지 않으면 부드러운 인상을 주기 어렵다. 서비스를 하는 사람은 부드러운 이미지를 가져야 한다. 그래야 더 친절해 보이기 때문이다. 부드러운 인상을 가지지 않은 사람은 연습을 해야만 한다. 그것이 서비스를 하는 사람의 기본 태도가 되는 것이기 때문에 표정에도 신경을 써야 한다.

사람들은 웃는 사람은 좋아하는데 정작 본인은 웃고 있지 않다. 웃는 사람 옆에 가면 나도 덩달아 웃게 된다. 반대로 무뚝뚝하게 말하는 사람에게 말을 걸 때 나도 무뚝뚝해진다. 그런 부드러운 말투는 웃는 얼굴을 해야만 나오는 것이다. 고객의 머리를 하며 나의 얼굴을 쳐다본 적이 있다. 나는 어릴 적 웃을 일이 많지 않아서 웃는 게 어색한 사람이었다. 그래서 지적도 많이 받았다.

나를 가르쳐준 선생님은 특히 나의 표정을 집중적으로 관리해주었다. 서비스하는 사람은 늘 표정에 신경을 써야 한다고 했다. 우리는 사각지대 없이 거울이 나를 마주하고 있다. 그 거울로 고객들도 나를 볼 수 있게 되는 것이다. 가끔 거울 속 내 얼굴을 보게 되면 너무 진지한 나머지 표정이 굳어져 있을 때가 많다. 나도 한 번 나의 표정을 보고 놀란 적이 있다. 유독 지적을 많이 받기도 했고 지적받는 걸 좋아하지 않아 내 스스로 표정 체크를 하게 된 것이다.

도대체 내가 왜 지적을 받는지 궁금했다. 작업을 하던 중 표정 그대로 살며시 거울 보았다. 그런데 이마와 미간이 몰려 인상을 쓰고 있는 것이었다. 나는 평소 내가 못생겼다 생각하지 않았는데 세상 못생긴 얼굴을 하고 있었다. 저런 얼굴을 하고 있으면 내가 고객이라면 말도 못 걸 거 같았다. 진지함의 표정이 마치 화가 난 사람처럼 인상을 쓰고 있었던 것이다. 그제야 나는 왜 지적을 받았는지 알게 되었다.

그래서 선생님께 가서 표정 연습을 어떻게 하는 거냐고 물었다. 선생님은 매일 아침 거울을 보고 입꼬리를 올려보라고 말씀하셨다. 나는 다음 날 아침부터 매일같이 거울을 보고 입꼬리 올리는 연습을 했다. 그 상태로 출근을 하고 의식적으로 거울에 비친 내 모습을 상상하며 입꼬리를 계속 의식하며 올리는 연습을 반복했다.

하루아침에 얼굴이 바뀌지 않았다. 하지만 매일 나는 거울을 보고 체크를 하며 입꼬리를 올려 무의식적으로 매일 습관화했다. 그렇게 1년을 매일 거울 보며 체크하던 어느 날 부드러운 인상을 가졌다는 말을 듣게 되었다. 나는 꼭 바꿔야 하는 목적이 있었기 때문에 꾸준한 연습으로 달라지게 만들었다. 인상이 좋다는 말을 못 듣는 사람에게 입꼬리 올리는 연습을 추천하고 싶다. 나의 인생이 바뀔 수 있는 방법이기 때문이다.

지금의 나는 인상이 좋다는 말을 많이 듣는다. 그리고 더 좋아진 건 볼에 살이 많아져서 동안이라는 말도 많이 듣는다. 얼굴 근육을 쓸 일이 없는데 이제 자연스럽게 얼굴에 표정 관리를 하다 보니 자연스럽게 두 가지 효과를 얻은 것이다.

이런 표정은 상담을 할 때 좋은 장점이 될 수 있었다. 친절하고 부드러운 말투로 상담을 할 때 고객은 나에게 더 집중을 했다. 그리고 신뢰성이 있기 때문에 내가 제안을 하면 거절하지 않았다.

어느 날 한 고객이 잔뜩 심통이 난 얼굴로 방문한 적이 있다. 약간 나도 긴장을 한 탓에 슬그머니 엉덩이를 멀리 붙여 앉았다. 살짝 미소를 보이고 "스타일을 어떻게 해드릴까요?"라고 말했다. 고객은 지금 하고 있는 머리가 맘에 들지 않는다고 했다. 나는 고객의 말을 한참 듣고 입꼬리를 잔뜩 올리고 공감의 표현을 했다.

고객은 한참 말을 하더니 갑자기 "선생님 인상이 너무 좋아서 내가 기분이 좋아지네요."라고 말했다. 그 말을 들은 나도 기분이 좋아졌다. 우리는 서로 기분이 좋은 상태에서 머리를 하니 결과도 너무 만족스러웠다.

표정의 중요성은 브랜드숍일수록 중요하게 생각한다. 그래서 소소한 부분까지 교육을 하고 트레이닝을 시킨다. 받을 때는 너무 힘든 과정이고 스타일을 배우려고 들어왔는데 인성 교육을 먼저 가르친다. 그 항목의 멘트를 가장 집중적으로 배우게 된다. 그것이 체계적인 곳과 체계적이지 않은 곳의 차이가 아닐까 생각한다. 교육을 받은 스태프들이 전부 다 그곳에서 오래 근무를 하는 것은 아니다. 교육을 받고 퇴사를 하는 경우도 많이 보았다. 그들은 교육을 받은 이력을 가지고 조금 작은 미용실에 가면 인정을 받고 대우도 다르다는 걸 알기 때문에 작은 숍을 선택해서 가는 경우도 많다. 브랜드숍은 끊임없이 교육을 진행하는데 자신들이 성공할 수 있는 방법이라는 것이 그런 서비스임에도 힘들다고 생각하면 적응을 못 하고 그만두어버린다.

세상에 쉬운 일은 존재하지 않는다. 자기 스스로 성취감을 중요하게 생각하는 사람일수록 자신을 완벽하게 다듬어나가려 노력을 해야 한다. 무뚝뚝한 표정으로 일하는 디자이너치고 잘 나가는 디자이너 못 봤다. 기술보다 더 중요한 것이 표정이고 말투이다.

내가 좋은 인상을 주면 상대도 나에게 좋은 인상을 주려하게 된다. 나는 주로 음식점에 가면 대접을 못 받는 편이다. 입꼬리 올리기로 이미지를 바꿨는데도 나가면 원래대로 돌아가다 보니 음식점에 들어가 앉으면 주문을 받으러 오긴 하는데 꼭 물은 가져다주지 않는 것이다. 좀 차별을 하는 것 같아서 불쾌하지만 왜 나에게만 물 서비스를 잊어버릴까 궁금했다.

그리고 말투도 퉁명스럽게 말하는 것도 많이 겪어보았다. 나는 원래부터 별명이 새침데기이다. 그 의미를 예전에는 알지 못했다. 그런데 커서도 그런 말을 들으니 그 의미를 알고 싶었다. 그래서 지인에게 물어보니 "너 가만히 있을 때 딱딱해 보여."라고 말했다. 나는 속마음은 그렇지 않기 때문에 억울했다. 그런데 겉으로 판단하고 나에게 불쾌하게 대하는 것이 이해가 가지 않았다. 그래서 나도 똑같이 퉁명스럽게 말한 적이 있다. 아무 이유 없이 싸움이 될 뻔한 일이 있었다.

친구와 닭백숙을 먹으러 맛집을 검색해서 찾아간 곳에서 음식을 맛있게 먹고 있었다. 그러다 김치를 다 먹고 없어서 더 달라고 말했다. 그런데 가져다주면서 툭 하고 내려놓고 가버리는 것이었다. 당황스럽기도 하고 돈을 내고 밥을 먹는 손님에게 왜 이렇게 그릇을 던져두고 가는지 이해할 수가 없었다. 그래서 나는 그분을 불러 기분 나쁘지 않게 왜 이렇게 놓으셨는지 제가 무엇을 잘못한 것이 있냐고 물어보았다. 그분은 나의 말투가 부드럽게 들리셨는지 바로 죄송하다 말했다.

이처럼 사람은 서로 많은 대화를 하기 전에 스치는 인연이라면 첫인상이 그만큼 중요하고 그것이 나의 기분까지 좌우하기 때문에 매우 중요한 일이다.

고객의 관심사가 나의 관심사가 아닐 수도 있고, 나의 관심사가 고객의 관심사가 아닐 수도 있기 때문에 대화가 항상 매끄러운 것은 아니다. 대화를 안 하게 되는 순간 얼굴은 원래의 모습으로 돌아가기 마련이다.

표정이 없는 사람과 표정이 미소인 사람 둘 중에 누가 더 편하게 느껴질까? 표정부터 어두운 사람에게 머리를 하고 싶은 마음이 들까?

그만큼 우리는 웃는 연습이 필요하다. 나는 지금도 거울을 보고 입꼬리를 체크하고 출근을 한다. 그리고 한 가지 더, 긍정적인 생각은 나의 표정과 말투를 달라지게 돕는다.

▶ ▶ ▶ 02

고객 상담 내용을 20%만 반영하라

고객을 상담할 때 고객이 원하는 걸 다 들어보는 게 첫 번째 우리가 해야 할 일이다. 그리고 고객이 좋아하는 스타일 파악과 싫어하는 스타일 그리고 고객이 집에서 하는 홈 스타일링을 파악하고 모질도 파악을 해야 한다.

전문가처럼 스타일을 낼 수 없다는 사실은 고객들도 잘 안다. 그래서 최대한 홈 스타일링이 편한 시술과 모질에 단점을 보완하여 손질이 가능한 스타일을 다시 추천해야 한다.

가능한 원하는 스타일에서 많이 벗어나는 스타일로 해야 한다.

이런 경우가 있었다. 모발이 얇고 힘이 없는데 세팅파마를 한 탄력 있는 굵은 웨이브 스타일을 보여주며 이렇게 하고 싶다고 말했다. 그래서 모발 조건에 대해 설명을 하고 고객님 모발에 이렇게 똑같이 나오지 않는다고 설명하고 시술에 들어간다. 결과의 상상은 고객에게 맡겨놓은 채로 말이다.

나름 좋은 약을 사용해서 파마를 했다. 나는 결과를 설명한 대로 예측을 하고 만족했지만 고객은 반대였다.

"이렇게 나올 거라면 하지 않았죠."

정말 난감한 일이 벌어지고 말았다. 그 고객은 클레임을 걸었고 다시 파마를 풀어 스트레이트볼륨파마를 해주고 두 번 시술에 대한 모발 손상도 걱정을 했기 때문에 클리닉까지 해드려야 했다.

이처럼 우리는 고객의 모질을 100% 예측할 수 없고 100% 만족시키기가 쉽지 않다. 그래서 나는 고객과 스타일 상담을 할 때 고객이 원하는 스타일로 다 반영하지 않는다. 고객의 모발 상태를 파악하는 것도 중요하지만 단점을 먼저 사실대로 말하고 안 된다 말을 먼저 하게 되면 고객은 실망을 하게 된다.

그래서 나는 고객에게 더 어울릴 만한 스타일을 사진으로 보여주고 이 스타일이 전문가로서 판단하기에 더 어울릴 것 같다고 말한다. 사진은 설명이 필요하지 않기 때문에 자신이 예쁠 거라고 생각을 하게 되면 자기의 생각을 100% 접고 나에게 전적으로 맡기게 된다. 당연히 만족스러운 결과도 얻을 수 있다.

나는 '알아서 해주세요.'라고 말하는 고객이 90% 이상이다. 그건 신규 고객도 마찬가지다. 고객의 머릿속에 있는 완성도가 내 머릿속으로 잘 그려져도 그 스타일이 고객에게 어울릴 것인가를 생각하고 그것보다 더 잘 어울릴 수 있는 스타일이 무엇일까를 생각한다.

고객이 원하는 스타일을 말로 설명을 들었을 때 전문가인 나도 완성된 이미지를 머릿속으로 연상하기 어렵다. 매번 방문하는 고객도 내가 자른 머리지만 매번 다르게 연출이 되는데 다른 사람이 자른 머리를 설명을 듣고 완성해내기는 어려운 문제이기 때문에 고객을 만족시킬 수 있는 확률이 낮다. 그래서 다른 스타일 연출을 해주는 것이 만족도가 더 높다.

고객은 많은 전문가를 거친 전문가이다. 디자이너들은 상담을 할 때 유창한 말로 고객을 전문가로 만드는 경우가 많다. 그것이 전문가를 더 혼란스럽게 만드는 일이다. 파마가 잘 안 되는 모발이고 시간은 얼마나 두어야 하고 이런 설명들을 전문가가 아닌 고객이 이야기한다. 이런 당황스러운 일은 의사들도 겪는 일이다.

요즘은 인터넷에 약 이름만 검색하면 성분과 효능이 아주 자세하게 나와 있다. 그뿐만이 아니라 미용 용어들도 검색만 하면 다 풀이가 되어 있어서 고객이 알고자 하면 쉽게 많은 것을 알 수 있다. 그러나 그 약에 대해서는 알 수 있지만 나에게 맞는 약을 고르지는 못한다. 지금은 병원도 한곳에서만 상담을 받지 않는다. 병원마다 약을 쓰는 종류가 다르고 사용하는 방법 또한 의사마다 다르게 처방을 한다. 미용도 마찬가지로 약제들은 너무나 많고 사용하는 방법도 수천 가지 방법이 있다. 많은 약을 사용해본 사람만이 약을 제대로 사용할 수 있는 것이다. 그런데 고객이

'나는 이런 모발이에요.'라고 말하는 것을 그대로 수렴한다면 낭패를 볼 수 있기 때문에 그대로 받아들이면 안 된다.

"선생님, 저는 세팅 파마가 잘 안 나와요. 저 일반 파마해주세요." 경력이 10년이 넘었을 때도 이런 말을 들으면 난감할 때가 많다. 클레임을 피하기 위해 고객이 말한 대로 시술을 해줬던 경우도 있었다. 그때는 테스트를 보는 방법을 몰랐기 때문에 겁을 먹었던 것이다.

모질 파악이 잘 되는 상황에도 다 다른 성질이 있기 때문에 결과를 보기 전까지는 단정 짓긴 어렵다. 그래서 고객의 경험을 말만 듣고 시술을 했던 때가 있었다. 잘 나오지 않는다는 말에 작은 롯드를 결정하고 파마를 말았다. 그런데 결과는 파마가 작은 롯드의 굵기만큼 그대로 나온 것이다. 고객은 도대체 어디서 머리를 어떻게 했던 것일까? 원망이 나를 자극했다.

전문가라는 이름을 달고 이런 실수는 용납하기 어려운 문제이다. 밤에 잠도 못 자고 낮에 일을 생각한다. 왜 고객의 말만 믿고 시술을 했을까…. 자책했던 적이 있었다.

그런 경우는 자책하기보다 해결책을 찾는 것으로 생각을 바꿔야 한다. 그러나 이런 경우는 정말 되돌릴 수 없는 최고의 실수이다.

전체 밝은 염색을 하러 오신 고객님이 있었다.

"고객님, 전체 어두운 염색한 적 있으세요?"
"아니요."

자연스러운 브라운을 띠고 있어서 의심 없이 제일 밝은 염색약으로 도포했다. 그런데 끝부분 10cm가 색이 변하지 않는 것이다. 이상하다고 느껴 고객님께 다시 물었다. 정확히 24cm 밑으로 색이 덜 밝게 나온 것이다.

"혹시 2년 전 블랙으로 염색한 적 없으세요?"
"너무 오래 전이라 없어졌을 거예요."

분명 고객은 염색을 한 적이 없다고 말했다. 그런데 시술을 하고 나서 물어보니까 그제야 말을 흐린다. 고객은 한 번의 염색 비용으로 컬러 체인지를 원했고 두 번의 시술을 비용 지불을 하며 하지 않으려 한다. 테스트를 하지 않은 나의 실수이기 때문에 두 번째 시술을 무료로 해준 적이 있다.

이런 경우는 정말 나의 실수이다. 고객이 2년 전의 일까지 기억하진 않지만 본인 스스로 판단하고 얘기하기도 한다. 이런 난감한 일은 주로 컬러 고객에서 문제가 발생한다. 여러 디자이너들의 손을 거쳐 본인도 모르는 시술을 받았거나 얼룩의 이유조차 모른다. 자세히 상담하지도 테스트를 해보지도 않고 고객의 말만 믿고 시술한 대가가 바로 이런 결과이다. 생각만 해도 아찔한 경험이었다.

이렇듯 절대 고객의 말을 100% 믿지 말아야 한다. 처음 가는 병원을 가면 초진 차트를 기록한다. 나의 건강 상태를 체크하기 위해 다양한 질문들이 있다. 질병은 있는지 복용하고 있는 약은 있는지 체크를 해서 제출을 하게 된다. 특히 산부인과를 가게 되면 난처한 질문사항들을 물어본다. 그럴 때 거짓으로 질문지를 체크한 경험이 있는 사람이 있을 것이다. 민망함을 감추기 위해서 또는 다른 검사들을 권유하는 걸 거부하기 위해서이기도 하다. 하지만 의사들이 검사 전에는 알 수 없을 것이다. 검사할 수 있는 방법들이 우리에게도 있지 않은가. 고객에게 집요한 질문 전에 내 스스로 테스트를 하고 진단을 꼭 해야 한다는 것이다.

경험이 많지 않은 디자이너들은 이런 실수를 충분히 할 수 있다. 그래서 디자이너 1년차는 경력이 많은 디자이너들의 도움을 받는 것이 좋다. 나는 1년차 디자이너는 자신을 디자이너라 생각하지 말라고 당부한다. 스텝 입장에서 보이는 것과 디자이너 입장에서 보이는 것은 다르다. 자신이 해야 하는 잘하지 못하는 부분을 더 유심히 보게 되어 있기 때문에 배우는 것들이 다르다. 디자이너가 되었어도 선배 디자이너들을 도우며 배우길 권한다. 보이지 않았던 노하우들은 순간적으로 지나가기 때문에 더 집중해서 보아야 한다. 가장 중요한 것이 고객과의 상담 스킬이다. 클레임이 발생하지 않도록 제안하는 법과 모질 파악으로 인한 약의 접근성, 그리고 시간 체크 등 이런 것들은 스타일을 내기 위한 가장 중요한 부분이다. 이런 것들은 책에 나와 있지 않아 공부를 할 수 있는 방법은 결국 반복적인 시술과 노하우를 직접 보는 것이다.

내 고객을 만들기 위해서는 고객을 리드해야 한다. 리드하기 위해선 고객의 모발 상태를 내가 더 많이 알고 있어야 한다. 나는 테스트 모발을 수집해놓는다. 긴 머리를 자르는 고객의 모발을 모아 두었다가 디자이너들과 다양한 테스트를 해본다. 가발이 아닌 사람 머리이기 때문에 모든 시술이 가능하다. 디자이너라면 한 번씩은 해보았겠지만 20년이 넘은 나도 끊임없이 새로 나온 염색제나 파마 테스트를 진행해본다. 이런 작업은 본 시술에 굉장히 큰 도움이 되기 때문이다.

자신 있는 헤어스타일 6가지를 습득하라

스타일 연습을 할 때 다양한 스타일을 연습하고 공부할 때가 있다.

전문가라면 여러 가지 기술력을 가지고 있는 것이 당연한 일이지만 많은 스타일을 알려고 하면 머리에 정확히 기억되지 않고 막상 고객을 마주했을 때 기억에 남는 스타일을 접목시키기 어렵다. 그 이유는 마네킹과 사람의 얼굴은 다르기 때문이다. 마네킹은 결점이 없이 갸름하고 어떤 머리를 해도 소화할 수 있는 얼굴형을 가지고 있지만 사람 얼굴은 그렇지 않다. 그래도 고객에게 어울리든 안 어울리든 고객의 얼굴에 매칭을 해야 한다. 하지만 나는 경력이 있어도 유행하는 스타일 중 6가지 스타일만 레시피를 외우라고 말하고 싶다. 긴 머리 2가지, 단발머리 2가지, 쇼트커트 2가지 이렇게 말이다. 그리고 고객의 얼굴형에 맞는 앞머리를 연출을 해주면 각기 다른 머리가 연출이 된다. 그러면 어떤 고객이 와도 당황하지 않을 수 있다.

디자이너 3년차일 때 긴 머리 여성이 단발로 자르고 싶다고 했다. 순간 나는 당황하지 않을 수 없었다. 단발 종류가 많은데 어떤 길이의 스타일로 잘라줘야 할지 이미지를 떠올리지 못했다. 그래서 사진을 찾아보는데 카피가 잘되지 않는 것이다. 그래서 가위질을 몇 백 번 했는지 모른다. 자른 곳을 다시 자르고 파마하고 다시 자르고 자르다 보니 머리가 짧아지고 파마가 잘려나가 파마가 강하게 보이지 않는 것이다. 결국 펌을 다시 해야만 했다. 만약 평소에 단발머리 스타일 두 가지만 정확히 알고 있었다면 이런 일이 일어나지 않았을 것 같다는 생각을 했다. 그 후 나는 6가지 유행 스타일에 집중해서 연습을 했다.

가발을 놓고 수십 번 연습을 해서 단발머리 스타일을 두 가지 완성했다. 그 후 나는 긴 머리 여성분들에게 단발의 스타일을 내가 스스로 권하게 되었다. 고객들의 반응이 좋아서 많은 사람들의 방문이 늘어나면서 너무나 웃긴 이야기들이 들려왔다. "수빈 선생님 고객들은 머리가 다 똑같아요."라고 말이다. 웃을 수도 있지만 정말 나는 다 똑같이 잘랐다. 하지만 나는 고객이 소개의 소개를 물고 찾아왔다. 분명한 건 스타일은 똑같지만 얼굴 생김은 다 다르다는 것이다. 그리고 유행하는 스타일이기 때문에 고객들은 같은 머리라도 이상하게 생각하지 않는다는 것이다. 같은 디자인이라도 디자이너마다 다른 느낌이 난다. 드라이와 펌의 느낌이 디자이너마다 똑같지 않다. 같은 커트 교육을 배웠는데도 마무리는 다르게 나온다. 이것이 보는 눈의 차이인 것이다.

초급 디자이너 때 가장 힘든 스타일이 쇼트커트이다. 쇼트커트는 라인이 다 들어나고 얼굴 라인에서 끝자락이 떨어지기 때문에 0.1m도 여러 번 길이를 다듬으면서 잘라야 한다. 이 또한 연습의 과정을 많이 거쳐야 한다. 마네킹은 얼굴 결점이 없기 때문에 아무렇게나 잘라도 드라이만 잘해놓으면 크게 문제가 될 것은 없다. 하지만 사람은 광대뼈도 있고 사각턱도 있고 동그란 얼굴도 있고 생김이 다양하다. 다양한 사람들의 얼굴형에 맞춰 디자인을 하기가 쉬운 일은 아니다. 그래서 나는 봉사활동이나 모델 작업 또는 지인들 머리를 자주 잘랐다. 짧은 머리 연습은 사람의 머리를 자르는 것이 더 효과적이기 때문이다. 그때도 가발에 연습을 여러 번 잘라보아야 한다.

고객이 몰리면 창의적인 생각이 막히곤 한다. 그것 말고도 신경 쓸 일이 많기 때문이다. 고객은 시간에 예민하다. 시간이 오래 걸리면 고객은 힘들어 하고 화를 내기도 한다. 그런데 커트에서 시간이 오래 걸리면 다른 모든 시술들이 지연된다. 3시간 만에 끝이 날 시술들이 5시간을 초과하는 일도 벌어진다. 그런 일들이 반복이 되면 고객은 바쁜 날을 피해서 머리를 하려고 한다. 그래서 바쁜 날은 커트에 매달려 있을 수 없다. 그래서 두 가지 스타일을 기억하고 고객 앞에 선다면 일은 훨씬 수월해질 수 있다. 그리고 길이만 다르고 스타일은 같은 스타일을 연출할 수 있다. 파마로 스타일을 조금씩 변화를 주거나 앞머리 길이 변화로 다른 이미지로 커트를 한다.

초급 디자이너 때 일이다. 6개월 후 쯤 급격히 고객이 몰리기 시작했다. 그때 나는 23살이었다. 나이가 있는 고객들과 소통도 잘 안 되던 나이였는데도 불구하고 나는 하루에 파마 고객만 10명씩 해냈다. 그걸 그 나이에 할 수 있었던 건 꾸준히 연습한 두 가지 스타일이 있었기 때문이다. 고객은 내게 원하는 머리가 있었고 내가 그걸 잘하는 사람이라는 걸 알고 왔기 때문에 따로 상담도 길게 할 필요가 없었던 것이다. 고객들은 나를 신뢰했고 내가 해주는 머리에 만족하고 갈 수밖에 없었다.

두 가지 스타일에 집중하면 아이디어가 더 많이 떠오른다. 헤어스타일은 정해진 스타일이 없다. 펌을 어떻게 하느냐에 따라 스타일은 완전히 달라지고 컬러도 마찬가지이다. 같은 단발머리에 색에 따라 분위기가 달라지고 연령도 젊거나 나이 들어 보이게도 연출이 가능하다. 파마 스타일도 롤스트레이트를 하거나 웨이브를 할 때에도 스타일은 변한다. 그래서 많은 스타일을 알고 있지 않아도 스타일은 무궁무진하게 연출이 가능하다. 연습을 할 때 한 가지씩 10번 이상은 잘라보아야 응용이 가능해진다.

커트는 어렵지만 어렵게 생각하면 연습이 지루해진다. 커트를 할 때 가장 느낌을 살려주는 기술은 질감 처리이다. 초급 디자이너 때는 끝부분의 질감 처리를 균일하게 하는 경우가 많다. 하지만 양감을 나타내기 위해서는 질감 처리도 부위별로 다르게 해야 한다. 볼륨이 필요한 부분과 필요하지 않은 부분에 질감 표현을 조절해서 해야 스타일의 완성도를 높일 수 있다.

여러 명이 모여 앉아 밥을 먹을 때 같은 반찬을 앞에 두고 먹지만 각자 자신의 밥에 올리는 반찬의 종류와 양은 다 다르게 곁들여 먹는다. 싱겁게 먹는 사람은 조금만 올려서 먹을 것이고 짜게 먹는 사람은 많이 올려서 먹을 것이다. 그래서 같이 밥을 먹어도 늦게 먹는 사람과 빠르게 먹는 사람이 있는 것이다. 나는 밥보다 반찬을 많이 먹는 편이다. 반찬의 진한 맛이 밥에 방해 받지 않고 반찬의 맛이 부각이 되기 때문이다. 같은 머리를 잘라놓아도 질감을 많이 넣게 되면 모발 숱이 적어지며 윗부분이 살아나는 것과 비슷한 것이다. 질감의 양에 따라 스타일의 완성이 달라지는 현상이다.

내가 스타일을 정확히 이해하고 시술을 할 때 좋은 점은 같이 호흡을 맞추는 스태프와도 소통이 빠르게 된다. 일의 순서를 정확히 전달하고 진행시킬 수 있기 때문에 시간이 미뤄지지 않는다. 초급 디자이너 때 중요한 건 1년 후를 준비하는 시간을 만들어야 한다. 처음엔 고객이 많지 않아 여유롭게 할 수 있는데 한 분 한 분 고객이 늘어나면 여유가 없다. 그래서 두 명의 고객 정도는 혼자 해내야 한다. 그래야 스태프 한 명이

투입이 되면 두 배의 고객을 소화할 수 있는 역량이 되기 때문이다. 그런 사실을 모르는 초급 디자이너는 스태프 없이 일하는 것을 두려워한다.

경력 있는 스태프가 도와준다고 해도 디자이너가 커트를 오래하면 그 스태프는 디자이너가 다할 때까지 할 일이 없어지기 때문에 다른 디자이너를 도와야 한다. 그렇게 되면 디자이너들이 가장 싫어하는 부분 중 다른 스태프로 교체될 수밖에 없다.

예전에 초급 디자이너 여러 명이 나를 싫어한 적이 있었다. 내가 다섯 명의 고객을 시술하고 있을 때 점장님한테 경력 스텝 한 명만 보내 달라고 말했다. 그래서 다른 초급 디자이너에게 있던 경력 있는 스태프가 온 적이 있다. 우리는 열심히 뛰어다니며 계속 들어오는 고객을 둘이서 해낸 경험이 있다. 스태프도 말했다.

"선생님, 오늘 너무 신나게 일했어요. 사실 다른 선생님들은 염색 바르고 커트 다할 때까지 기다려야 하고 파마하고 또 기다려야 해서 일이 너무 힘들었어요. 그런데 선생님은 내가 기다리지 않고 손을 바로바로 교체해서 일을 하니 너무 재미있었어요."

초급 디자이너들은 왜 내가 경력 있는 스태프와 일할 수밖에 없는지 그 이유를 모르는 경우가 많았다. 자신의 속도와 비슷한 파트너와 일을 해야 한다는 이유를 모르는 것이다.

메인으로 스태프 한 명을 데리고 일을 하려면 적어도 천만 원 이상은 매출을 올려야 한다. 인건비가 높기 때문에 천만 원 이하의 매출로는 두 사람의 인건비와 세금을 제외하면 이익이 나지 않는다. 그러면 아무리 매출을 많이 올려도 손이 느리거나 일의 지휘를 하지 못해서 많은 스태프를 필요로 하는 디자이너는 매출을 많이 올려도 지출이 많기 때문에 대접을 받지 못한다. 일은 연결이 되어야 속도도 나고 재미도 있어 훨씬 시너지가 높다. 그리고 세 사람이 손을 맞추는 것보다 둘이 시간을 계산해서 소화하는 것이 진행 속도도 빠르다. 그래서 초급 디자이너 때는 다양한 머리 스타일을 연출하려고 하는 것보다는 대중적인 6가지 스타일에 집중해서 진행하는 것이 좋다.

▶ ▶ ▶ 04

고객의 머리에서 발끝까지 스캔하라

여성 중 긴 머리를 고수하는 여성분들이 있다. 이유 중 하나가 자신의 이성이 긴 머리를 좋아한다는 것이다. 긴 머리의 여자들은 머리를 허리까지 길러보고 싶어 하는 여성들이 종종 있다.

그래서 무작정 기르는 사람들이 의외로 많은 편이다. 보는 기준은 다소 다를 수 있지만 전문가로서 나는 본인에게 어울리는 길이를 추천하고 싶다. 신체 조건이 다르기 때문에 키에 맞는 길이로 자르는 것이 더 예쁘다. 뒤에서 보거나 옆에서 보거나 머리가 너무 길어 키가 작아 보일 수 있기 때문이다.

오래된 친구이자 현재 아카데미에서 교육을 담당하고 있는 유경배 원장이 말했다. 유경배 원장은 커트를 할 때 긴 커트보를 하지 않고 커트를 한다. 그 이유에 대해 물어본 적이 있었다.

고객의 얼굴형뿐만 아니라 상체의 밸런스 그리고 고객의 전체 이미지에 맞게 디자인을 해야 한다고 말했다. 커트보로 가려진 목의 길이와 두께, 어깨 넓이를 고려해서 디자인을 해야 하기 때문에 실루엣을 가려서 커트를 하는 것보다 오픈을 하고 머리를 자르는 것이 정확한 이미지를 만들 수 있는 방법이라고 말했다. 그 말을 듣고 연출하는 것을 지켜보았다. 머리를 자른 후 어깨보를 걷고 고객을 일어서게 했다. 그런데 말로 표현하기 어려울 만큼 경이로운 느낌과 이것이 정말 디자인이라는 것을 실감 나게 했다.

잘려진 채 떨어진 머리카락이 마치 어릴 적 종이인형이 점선으로 이어져 있는 것을 인형모형만 뜯어낸 느낌이랄까 그냥 필요 없는 모발만 떨어져나간 것 같은 느낌이었다. 그 사람에게 길이감과 디자인이 정말 잘 어울리는 실루엣이었다. 그 친구를 보고 그동안 미용을 하면서 스타일을 만들어냈던 나의 노하우가 나를 작아지게 만드는 순간이었다. 그 후 나는 커트를 할 때 커트보를 걷고 커트를 하며 전체 실루엣을 보기 시작했고 좀 더 라인에 신경 쓰게 되었다. 라인이 얼굴에 어울리니 더욱 고급스러운 스타일이 연출되었다.

평소 고객이 어떤 스타일의 옷을 입고 다니는지 알 수가 없다. 미용실에 방문을 할 때 대부분은 가벼운 홈패션이나 트레이닝복을 입고 방문을 하는 경우가 많아 가끔 길가다가 혹은 약속이 있어 드라이를 하려고 방문하는 고객을 보며 놀란 적이 있다.

오랫동안 머리를 해왔어도 고객은 편한 복장으로 방문하기 때문에 외출복을 볼 수 없었기 때문이다. 머리를 하는 이유는 한껏 예쁘게 꾸미고 밖에 나갔을 때 사람들에게 돋보이는 외모를 만들기 위해서이다. 그래서 나는 카카오톡으로 고객과 친구를 하거나 SNS에서 친구 맺기를 하고 고객들의 일상을 들여다보는 일을 매일 한다.

옷은 어떤 스타일로 입었는지 머리 손질은 어떻게 하고 다니는지 주로 어떤 곳을 자주 방문하는지 직업은 어떤 것인지를 스캔한다. 그리고 그 고객들에게 어울릴 만한 스타일을 구상한다. 그것이 나에게 매일 같은 숙제이다.

그래야 다음번에 또 다른 스타일을 제안할 때 고객에게 맞는 스타일을 쉽게 제안할 수 있다. 내가 하고 싶은 스타일을 해주는 것이 아니라 고객의 일상을 미리 알고 구상을 해놓은 스타일을 고객에게 제안을 하는 것이기 때문에 고객도 감동을 받을 수 있고 흔쾌히 제안을 받아들인다.

유튜버에서 유명한 마케터 중 〈안대장TV〉에 안대장이라는 사람이 있다. 이 사람은 많은 일을 해본 경험이 있고 그 중 영업 관련 일을 해본 경험이 있다고 한다. 그 사람은 계약을 하러 가기 전 계약자에 대해 미리 많은 정보를 알아보고 방문을 한다는 것이다. 이 사람은 상위 클래스만을 주로 계약을 하기 때문에 미리 상대에 대해 알아보기가 어려운 일이 아니라고 했다. 그 사람의 가족 관계, 그 사람이 좋아하는 음식 그리고 즐겨 마시는 차 그리고 가장 싫어하는 것도 미리 알아보고 방문을 해서 상담을 진행한다고 한다. 고객의 취향을 미리 알고 공감함으로 인해 고객의 마음을 쉽게 열 수 있는 열쇠와 같은 일이라고 했다. 계약을 체결할 때에도 확률이 99%라고 한다. 이런 점에서 우리는 처음 방문한 고객을 미리 알아보고 시술하기란 거리가 있다고 할 수 있지만 시술을 하는 도중 우리는 고객에게 질문을 할 수 있는 시간이 많다.

우리는 디자이너이다. 감각을 표현하려면 나에게 꼭 맞게 맞춰 입는 옷처럼 디자이너의 감각을 넣어야 한다. 옷에는 기성복과 맞춤옷이 있다. 기성복은 값이 싸고 대중성을 공략한 제품이다. 맞춤은 세상에 하나뿐인 나의 옷을 만드는 것으로 값이 비싸고 재단까지 사람이 직접 해야 하기 때문에 그만큼 디테일도 기성품과는 다르다. 가끔은 기성품을 사서 수선한다. 디자인은 마음에 들지만 사이즈가 나에게 맞지 않을 때 아쉬운 점을 수선을 해서 입는다. 아무리 트렌드 스타일이라고 해도 고객이 어울릴 수 있도록 디자인을 해야 한다. 그래서 대중적인 스타일이 자신과 어울리지 않는다고 생각하는 고객들의 생각을 바꿔주어야 할 때도 있다. 우리는 대중을 공략하려면 기성과 맞춤을 겸비해야 한다.

나는 처음 방문한 고객에게 질문을 많이 하는 편이다. 실제로 보지 못하는 부분을 말로서 상상해보기 위해서이다. 굉장히 어려보이는 40대 여성분의 머리를 하게 되었다. 얼굴 생김만 보고 스타일을 해주었는데 머리가 마음에 들지만 일을 하는 곳에서 직위가 있다고 했다. 그래서 어려 보이면 윗사람이 한마디 한다고 말했다. 그리고 아랫사람들에게 체면이 서지 않는다는 것이었다. 직업을 미리 물어봤어야 하는데 직업을 물어보지 않은 데는 나름 이유가 있었다. 예전에 고객의 직업을 물어본 적이 있었는데 대부분의 고객이 자신의 직업을 말하는 것을 꺼려하는 것이다. 그래서 그 후 몇 년 동안 직업을 물어보지 않았고 오랫동안 고객의 머리를 해주면서도 직업을 알지 못했다. 그래서 직접적인 질문보다는 간접적으로 사무직인지 직책이 있는지 자유업인지 헤어스타일의 제제가 있는지를 물어보고 참고로 한다.

평상시 입고 다니는 옷에도 스타일은 맞춰져야 한다. 늘 정장을 입고 다닌다든지 캐주얼을 입고 다니는지에 대해서도 알아야 한다. 정장을 입을 때가 많은 사람에게 숱을 많이 쳐낸 가볍고 날리는 스타일을 해준다면 정장과 어울리지 않아 머리를 다시 하고 싶을 것이다. 또한 캐주얼을 주로 입고 다니는 고객에게 고급스러운 단정한 스타일을 해주었을 때에도 밸런스가 맞지 않는 스타일이 될 수 있다. 이런 부분까지도 상담을 통해 알아야 할 필수 정보이다.

아무리 얼굴에 어울리는 머리가 완성이 되었다고 해도 그 스타일을 돋보이게 만드는 것은 고객의 몫이다. 그런데 돋보이게 연출을 못 하는 고객이라면 그 스타일은 머리만 예쁜 완성품이다.

예전에 나는 고객에게 이런 말을 많이 들었다.

"선생님 머리 하고 갔는데 머리만 예쁘다고 했어요."

그때 나는 고객의 전체적인 스타일을 예쁘게 코디하는 방법을 알려주며 바꾸길 권했다. 그런데 그것이 나의 잘못된 방법이라는 걸 알았다. 매일 운동을 가르치며 트레이닝복만 입는 강사에게 단정하고 곱게 드라이를 해야 예쁜 머리를 해준 것이다. 머리가 예뻐 보이려면 운동을 할 때 정장이나 원피스를 입어야 하는데 그것이 가능해지려면 직업까지 바꿔야 한다는 말이 된다. 직업까지 바꿔가며 스타일에 대한 집착을 보이는 고객은 없다. 머리는 평소 고객의 있는 그대로의 모습을 빛나게 해주어야 한다. 그래서 고객이 어떤 직업을 가졌는지도 알 필요가 있다.

디자인은 한 가지만 파악해서 연출을 하면 무책임한 일이다. 패션쇼 같은 또는 헤어쇼 같은 자리에서 모델을 연출하는 일은 완벽함을 만들어 낼 수 있는 일이다.

그것은 다르게 비유하면 일회용인 것이다. 그 자리에서만 빛이 나고 끝나는 모습은 고객에겐 일회용의 디자인이다. 고객은 평상시에도 그 사람의 매력을 돋보이게 만드는 것이 영구적인 디자인이라 말할 수 있다. 모든 걸 완벽하게 만들어줄 순 없지만 가장 고민이 되는 부분과 일상생활에 편리함 그리고 매력을 만들어줄 수 있는 포인트를 잡는 것이 디자인이다. 그러기 위해서 우리가 경험하고 공부하고 연습해야 할 목록들을 적어보는 것이 좋은 방법이 될 수 있다.

05

공감으로 관계를 돈독히 하라

고객과 관계를 돈독히 하는 건 시간이 걸리는 일이다. 많은 이야기를 해야 하며 이야기를 들어주어야 한다. 미용실은 그 주변의 정보통이며 지인에게도 할 수 없는 이야기를 서슴없이 나누는 곳이어야 한다. 하지만 주의해야 할 점도 있다. 고객에게 들은 사적인 대화는 듣고 난 후 다른 사람에게 전달이 되어서는 안 된다. 어디까지나 나와 고객의 대화이고 주변에 그 고객을 알 수도 있는 고객에게 잘못 이야기했다가 소문이 잘못 나기라도 하면 그 고객에게 상처가 될 수 있고 나에 대한 소문도 안 좋아지기 때문이다.

말하기 좋아하는 사람들은 대화를 하다가 문득 남의 이야기를 하는 실수를 저지르기도 한다. 그래서 특히 말조심을 해야 한다. 고객은 자신의 이야기를 말하기 좋아하는 점도 고려해야 한다. 간혹 고객과 말이 잘 통한다 싶으면 고객보다 더 많은 이야기를 하게 되기도 한다.

나는 결혼한 고객의 이야기에 자주 공감을 해주는 편이다. 결혼을 하지 않았기 때문에 공감할 수는 없지만 그동안 들었던 고객들의 이야기가 많아 경험이 없어도 신혼인 고객보다 더 많은 것을 아는 경우가 많다. 들은 이야기를 공감하기 위해 이야기하면 결혼한 줄 착각할 만큼 아는 것을 조언을 해주기도 한다. 나도 내가 언제 이런 것까지 알게 되었는지 모를 정도로 아는 것이 많다. 하긴 20년이 넘는 시간 동안 수많은 사람들과 소통을 했는데 기억하지 않아도 머리에 박혀 있을 것이다. 재미있는 일은 결혼을 앞둔 고객에게도 내 경험담처럼 결혼생활에 대해 이야기를 한다는 사실이다.

나이가 조금 있는 여성 고객이 어느 날 나에게 이런 질문을 했다.

"선생님, 아까 대화하던 분은 지인인가 봐요."

"아니에요. 오래된 고객님인데 친하게 지내고 이야기도 많이 하는 고객님이세요."

한참 동안 고객님과 대화를 재밌게 하는 모습을 보고 부러워하는 듯이 물었다.

"너무 재밌게 대화를 해서 지인인 줄 알았어요. 나도 선생님하고 오래 알았는데 저도 이야기해도 될 거 같아요."

그러면서 자신이 시집살이를 한 경험을 이야기하는 것이다. 고객님은 종갓집 며느리에 매달 제사에 밥은 삼시 세끼 해야 하는 고된 일상을 이야기했다. 무척 힘이 들고 이야기할 곳이 없었다는 느낌으로 받아들여졌다. 하나하나 털어놓으며 속이 다 시원하다고 선생님한테 별 이야기를 한다고 쑥스러워하셨다.

나는 듣는 내내 그동안 시집살이가 정말 존재할까, 텔레비전에서 고부 간의 갈등의 주제를 다룬 드라마를 많이 보아왔지만 그런 일을 실제로 경험한 고객이 안쓰럽고 한 편의 드라마를 보는 듯했다. 고객은 들어만

준 내게 고맙다고 말했다.

내가 고객에게 어떤 존재가 되는 건 내가 고객을 생각하는 마음이 전달이 되는 순간이다. 그러면 고객은 자연적으로 마음이 열린다. 나는 항상 '내가 고객이라면'이라는 생각을 하고 서비스를 한다. 그래서 고객이 나갈 때 고객의 몸에 잘려진 머리카락이 한 개도 없어야 한다는 생각으로 철저히 털어낸다. 가끔 귀에 머리카락이 남아 있는 것을 보면 다시 자리에 앉혀서 털어준다. 물론 집에 가서 씻어내기는 하겠지만 나도 집에 가면 다 씻어내고 털었다고 생각했는데 옷의 어느 구석에 머리카락이 박혀 잘 빠지지 않고 가끔 옷 속에서 나를 괴롭힌다. 찾을 수도 없고 계속 간지러워 긁다가 피도 난 적이 있다. 고객이 그런 일을 겪게 하고 싶지 않다. 그리고 밤에만 머리를 자르는 것이 아니라 낮에 머리를 자르면 음식을 먹을 때 떨어질 수도 있기 때문이다. 내 고객은 그런 일을 겪지 않았으면 한다.

고객들은 연령별 다양한 일들을 겪는다. 나 또한 다양한 일을 겪고 이 자리까지 와 있지만 꼭 경험을 해야만 공감을 할 수 있는 건 아니다. 이야기를 듣고 판단할 수만 있으면 공감은 충분히 할 수 있다.

20대 남자 고객이 상고 스타일의 머리를 하다가 갑자기 짧게 머리를 잘라달라는 것이다. 그래서 어렵게 기른 머리를 왜 자르려고 하냐고 물어보았다. 그러자 여자 친구와 헤어졌다는 것이다. 너무 힘들어 하며 나에게 상황을 설명하기 시작했다. 내가 들어본 결과 헤어지는 게 맞을 것 같았다. 그래도 만났던 정이 있는데 쉽게 잊을 수 없을 것 같았다. 그래서 나는 이렇게 대답했다.

"잊으려고 노력하지 마. 노력을 하면 더 힘들어지기 때문에 전화하고 싶으면 전화하고 기다리고 싶으면 기다려."

그런 말을 나에게 하는 그 친구가 너무 고마웠다. 나를 믿어주고 누나같이 생각하는 느낌이 들었다.

지금 그 고객은 나의 든든한 지원군이다. 코로나로 힘든 시기에 자신의 친구들을 소개하며 같이 방문해주기도 한다. 고객이 없는 것을 보면 나보다 더 안타까워한다.

오래 방문한 고객도 지인 소개를 안 하는 경우가 많다. 나는 어떤 보답을 원하고 하는 일은 없다. 고객의 입장에서 항상 생각하는 것이 나의 생각이다. 어떤 때는 손해 보는 경우도 있다. 딱히 손해라고 볼 수는 없지만 이익이 덜 생기는 혜택을 주기도 한다. 그래도 방문해주시는 것에 감사하다 생각하고 최선을 다한다.

그런데 이렇게 다른 사람의 말을 들어주기만 할 때 지칠 때도 있다. 나도 누군가에게 말을 하고 싶을 때도 있다. 그런데 나는 직업상 늦게 끝나고 밤에는 술을 마시며 이야기를 해야 하는 것이 부담스럽다. 술을 마시며 이야기를 하면 마실 때는 좋은데 다음 날이 부담이 된다. 그래서 나는 집에 가면 허무할 때가 많다. 나의 이야기를 늘어놓고 싶은데 하루 종일 일을 하느라 기운은 없고 뭔가 답답함은 고스란히 내 몫이다. 사람이 죽으라는 법은 없는지 나와 대화를 재밌어 하는 고객들도 있다. 힘든 이야기보다 즐거운 이야기를 좋아하는 고객들도 있기 때문에 매번 들어주기만 하는 것은 아니다.

저녁에 퇴근을 하고 머리를 자르러 오는 고객들은 표정이 지쳐 보이는 사람들이 많다. 나도 퇴근쯤에 오는 고객은 부담스러울 때도 있다. 거의 끝날 때쯤 마지막 고객님이 방문을 했다. 단골인데 앉자마자

"아~ 회사 그만두고 싶다."

"저두요."

고객은 황당하다는 듯 껄껄껄 웃으셨다. 나도 덩달아 내가 갑자기 그렇게 대답한 것에 웃음이 나왔다.

지쳤던 몸에 힘이 다시 돌기 시작했다. 서로 왜 그만두고 싶냐는 질문을 주고받으며 머리를 자르는 내내 즐거움이 가시질 않았다. 결론은 우리는 사표를 내고 싶고 하지만 그럴 수 없다는 푸념을 늘어놓는 대화를 한 것이다. 아무 얘기나 해도 잘 받아주는 사람은 너무나 편한 관계가 된다. 어려운 경제 이야기나 어두운 사회 이야기를 하고 아무 의미 없는 연예계 이야기를 하는 것보다 훨씬 위안이 되는 이야기다. 너도 힘들고 나도 힘들고 하지만 우리 열심히 해보자. 이런 대화 말이다. 그런 대화는 고객과 관계를 돈독히 할 수 있는 소재이다. 때로는 친구처럼 동생처럼 말이다. 하지만 모든 고객들이 이런 관계를 바라고 오는 것은 아니라는 걸 알아야 한다.

말을 하지 많아도 그 사람의 머리 스타일만 완벽히 마음에 들게 한다면 그것 또한 관계를 유지하는 데 충분하다. 머리를 만지면 가장 편안한 상태가 된다. 이상하겠지만 머리를 만지고 있는 순간만큼은 잡념이 사라지고 심지어 졸리기까지 한다. 두피는 살 떨림이 없어서 운동을 할 수 없는 부분이다. 그래서 유독 자신이 아닌 다른 사람이 만져주면 시원한 느낌이 몇 배로 드는 곳이다. 그래서 마사지보다 샴푸를 잘하는 미용실을 가기도 한다. 샴푸를 할 때 마사지의 강도도 체크를 해서 편안함을 준다. 관계는 상대가 좋아하는 것을 알아주고 배려해주어야 유지가 되는 것이다. 단순히 기술로만 관계를 유지하려고 한다면 오래가지 않아 다른 디자이너의 고객이 되고 만다.

06

칭찬도 습관화하라

매일 아침 마주하는 직원들은 때로는 경쟁 상대가 되고 때로는 친구가 되기도 한다. 경쟁을 할 때는 서로 얼굴을 서먹하게 바라볼 때도 있다가 경쟁이 끝나면 친한 친구가 된다. 정말 경쟁을 하려면 선의의 경쟁을 해야 한다. 서로 격려해주고 칭찬하는 습관을 가져야 한다.

아침에 출근용 옷을 고를 때 출근을 해서 다른 사람들의 반응을 생각하게 된다. 이왕이면 예쁘다 멋있다는 말을 듣고 싶다. 그런 칭찬의 말을 들으면 하루가 즐거워진다. 뭐든 긍정적인 생각으로 받아들이게 된다.

새로 산 옷을 입고 출근을 했다. "오우 오늘 스타일 너무 잘 어울려요. 훨씬 어려보이세요. 역시 최고십니다." 어느 때도 신경을 쓰고 옷을 입지만 새로운 옷을 입고 갔을 땐 사람들의 반응에 기분이 좋아져서 간식도 쏘게 된 적이 있다. 단지 예쁘다는 말만 들었을 뿐인데 나의 마음은 관대해졌다. 그날은 고객들도 나의 새로 산 옷에 관심이 쏠려 극찬을 받은 날이다. 그날은 고객들에게도 평소에 없던 소소한 서비스를 한껏 쏟아냈다.

실수를 했을 때 잘못에 대한 지적을 먼저 하는 경우가 많다. 사람마다 판단해서 행동을 하는 순서가 다르고 방법이 다르다. 자신의 생각이 옳다는 기준에서 상대의 잘못을 추궁하는 방법은 옳지 않은 방법이다. 일단 상대가 왜 그랬는지 이유를 들어보는 것이 먼저이다.

경험이 많다고 해서 나의 방법이 다 맞은 적도 없었다. 내가 모든 것을 책임지고 해야 하다 보니 내 생각과 다르게 행동해서 일의 진행을 망쳐버릴 수도 있기 때문에 잘못으로 간주해버리는 일들이 있다. 하지만 서로 맞춰나가는 것이 더 올바르다. 그래서 상대의 생각을 들어보고 이해를 하고 잘한 부분부터 이야기해주어야 한다.

모든 면에서 잘못으로 간주를 하고 지적을 한다면 상대는 자존감뿐 아니라 열심히 하고자 하는 열정마저도 잃게 만들 수 있다. 어릴 적 나는 매번 혼나는 일로 어린 시절을 보냈다. 항상 나는 할머니의 기준에 잘못되었고 혼이 나야 했다. 그래서 무슨 말을 하고 싶어도 혼이 날까 봐 얘기를 못 한 적이 많았다. 그러다 보니 할머니는 그냥 어려운 사람이었고 또 혼나기가 싫어서 시키는 일 외에 다른 일을 하지 못했다. 칭찬을 듣고 싶어 한 일이 매번 혼이 나는 일들뿐이니 할 의욕도 생기지 않았다.

학교 다닐 때 청소를 하던 시간이었다. 교실을 쓸어야 하는데 다른 친구들이 빗자루 잎이 풍성한 것을 다 가지고 가버렸다. 그래서 할 수 없이 숱이 거의 다 빠진 빗자루로 청소를 했다. 숱이 없어도 잘 쓸고 싶었고 열심히 하는 모습을 칭찬을 받고 싶었다. 그런데 갑자기 선생님이 나의 엉덩이를 손바닥으로 철썩 때리며 "그런 빗자루로 어떻게 쓰니?"라고 핀잔부터 주었다. 나는 억울했다. 보이는 건 그럴 수 있지만 애가 어떤 마음으로 열심히 더 노력하고 있는 부분은 알려고 하지 않은 선생님이 야속했다.

칭찬은 사람의 원동력을 유발시키기도 한다. 내 기준에 잘했다 못했다

판단하는 것은 어쩌면 아바타를 옆에 두고 있는 것이나 마찬가지일 것이다. 나의 생각만으로는 더 발전할 수 없다. 개척한 것에 있어서 나의 생각이 더해져야 한다.

사람의 생각을 방해하는 요소는 질책이고 생각을 행동으로 발전시키는 것은 칭찬이다. 더 잘할 수 있고 용기를 주는 방법 중 칭찬보다 더 큰 코치는 없다.

나의 절친 진실 부원장은 욱하는 성질을 자제하지 못하는 성격이다. 그러나 일할 때만큼은 파트너들에게 칭찬을 아끼지 않는다. 고객이 많은 부원장은 사실 혼낼 시간도 없다. 그래서 자신이 지시를 잘못해서 일어난 일이라 늘 생각한다고 했다. 혼낼 시간도 없는데 지시를 제대로 하지 못했기 때문에 벌어지는 일들에 대해 화를 내지 못한다고 했다. 한 번은 잘 맞춰온 파트너가 일을 하던 중 중화를 해놓은 고객을 20분이나 방치를 한 일이 있었다. 너무나 당황스러운 일이 아닐 수 없었고 화가 나는 일이 있었다고 했다.

그런데 지금 화를 내면 모든 분위기를 망쳐버릴 수 있다는 생각이 들었고 실수를 한 부분에 대해 파트너가 힘들어 하게 되면 다음 시술도 실수를 할 것 같았다고 했다.

"오늘 조금 힘들어 보이네. 어디 아프니?"
"아, 네. 두통이 조금 있어서요."
"그럼 얼른 가서 약 먹고 와."

약을 먹고 돌아온 파트너에게 물었다.

"일할 수 있겠니?"
"네, 괜찮아요."

그렇게 무사히 스케줄을 마칠 수 있었고 파트에게 아픈데 고생했다는 말과 밥을 챙겨 먹이고 집으로 돌려보냈다고 한다. 아픈 사실을 알지 못하고 그 당시 질책을 했다면 파트너는 더 힘들었을 것이다. 하지만 다행히 자신의 감정을 먼저 말하지 않고 실수에 대한 이유를 알고 마무리를 칭찬하며 돌려보냈기 때문에 다음 날에는 파트너와 제대로 호흡을 맞춰 일할 수 있었다고 했다.

이미 벌어진 일에 대해 강한 질책은 도움이 되지 않는다. 배우기 위해 일하는 파트너들의 실수는 얼마든지 있을 수 있고 순간순간 몸에 익숙하지 않은 작업들의 과정을 소화해내지 못하는 것도 당연한 일이다.

시대가 변해 파트너들은 자신들이 일을 함에 있어서 왜 그렇게 해야 하는지 이유를 설명해주길 원한다. 예전에는 선생님이 시키면 시키는 대로 해야 하던 시절이 있었다. 그러나 지금은 자신들이 일을 함으로 인해 어떤 결과가 이루어지는지에 대해 알고 싶어 한다.

어쩌면 당연한 권리를 우리는 알지 못하고 시간이 지난 후에 깨달음을 알았을 때 후회하는 일도 있었다. 내가 그때 해야 하는 일의 이유를 알고 지식을 더 알았더라면 더 많은 생각을 할 수 있었을 텐데 하는 아쉬움이 있었다. 주먹구구의 방식으로 시키는 일에만 몰두하다 보니 질책을 받는 일에 익숙해졌다.

그 후 많은 미용인들이 자존감이 낮아져서 자신만의 생각을 표출을 못하게 되고 칭찬을 들어도 본인의 생각에 대한 칭찬이 아닌 지시에 따른 실행에 대한 피드백만 들었던 것이다.

성공한 사람들의 특징을 보면 자신의 생각이 확고하다. 그래서 처음엔 주변인들로부터 질타를 많이 받는다. 하지만 결국엔 자신의 소신을 지켜가며 완강히 자신의 길을 갈 수 있는 것이다. 하지만 그런 사람들은 많지 않은 것 또한 현실이다.

사람을 성장시키는 방법은 사람에 따라 다르겠지만 칭찬을 받으며 성장한 파트너들은 자존감도 높고 자신도 잘할 수 있는 사람이라는 걸 인식하고 성장하게 된다.

질책을 한다고 달라지는 건 없다. 결국 결과가 중요한데 좋은 결과를 만들어내기 위한 방법을 고민한다면 강요보다 칭찬으로 인한 깨달음을 주는 것이 더 빠르다.

사실 칭찬의 말이 몸에 익숙하게 하는 것도 쉽지는 않다. 화가 난 감정을 추스르는 데는 시간이 필요하다. 머릿속으로 수만 가지 생각을 하며 어떻게 하면 지혜롭게 말을 할 수 있을까? 고민을 해야 한다. 이렇게 말했을 때 결과도 생각하고 저렇게 말했을 때 결과도 생각하는 습관을 만들어야 한다. 그리고 감정을 추스르는 시간은 20초 안으로 조절을 하는 습관을 길러야 한다. 일반적인 대화를 할 때 조언을 해주기 전 상대의 말을 들어주고 공감을 해야 한다.

상대가 가지고 있는 장점이나 생각을 반론하는 것은 반발심만 불러일으킨다.

강연가 김창옥 교수님은 자신들이 얼마나 소중한 사람인지를 알게 하는 것이 중요하다고 말했다.

미국에서 어떤 아이가 접시를 깨는 일이 있었다.

"너 괜찮니? 걱정 마. 사랑해.(Are you OK? Don't worry and I love you.)"

그런데 교수님의 어머니는 어린 김창옥 교수가 접시를 깼을 때 다가오지도 않고 저쪽에서 말하기를 이렇게 얘기했다고 한다.

"다 깨부러. 다 깨부러. 이 오사랄 놈아! 뭐 단디 냉겨 다 깨부러."

반면 미국 엄마는 운명의 대사를 한다.

"넌 이 힘든 사건을 통해 네가 우리에게 얼마나 소중한 아들이라는 걸
잊어선 안 돼."

힘든 시간에 서운한 말을 들은 것이 가장 기억에 남는 말이 된다. 사람
마다 상처받고 힘들었던 사건의 기억이 깊이가 다르고 그때 일을 순간순
간 떠올리며 자신을 더 감추게 되는 현상이 일어난다.

무엇이 잘못되었든 칭찬과 격려하는 것을 잊어선 안 된다.

▶ ▶ ▶ 07

'죄송합니다, 감사합니다'를 습관화하라

시술을 하다 보면 실수가 있기 마련이다. 실수는 상대방을 기분 나쁘게 할 수도 있고 실수를 이해해줄 수도 있다. 이해를 할 수 있는 건 상대가 처한 상황을 알 때 이해할 수 있다. 실수를 했을 때 왜 실수를 할 수밖에 없었는지 이유를 설명해야 한다. 설명을 들으면 상대는 이해를 할 수 있다. 하지만 인정하고 상황 설명을 하지 않는 경우가 많다. 실수에 대한 인정과 설명은 바로 하는 것이 바람직하다.

시술이 잘못되었는데도 불구하고 먼저 시인을 하지 않는다면 고객은 불편해질 수 있다. 다양한 시술들로 실수는 비일비재하게 벌어진다. 디자이너의 직접적인 실수도 있지만 파트너들의 실수도 난감한 일들이 많다.

전에 같이 일하던 파트너가 고객의 머리를 시술을 하며 대화를 하던 중 나름 친근감 있게 표현을 해보고 싶은 마음에 자신도 모르게 반말을 한 적이 있다. 듣다가 화가 난 고객은 나에게 조용히 말했다.

"저 스태프는 어린 것 같은데 왜 나에게 반말을 하나요?"

나는 깜짝 놀라 고객에게 죄송하다는 말을 전했다. 하지만 고객은 쉽게 사과를 받아들이지 않았다. 이런 부분은 내가 고객의 마음을 풀어주는 것도 중요하지만 앞으로 디자이너가 될 친구에게 사과하는 방법을 가르쳐야 한다고 생각했고 고객이 다음에 방문했을 때 어색하지 않도록 해주어야 한다고 생각했다.

그래서 파트너에게 다가가 말했다.

"선주님, 고객님에게 반말로 대화했던 일이 있다고 들었는데 어떤 의

도로 그런지는 알겠지만 지금은 고객이 불편함을 느끼고 계시기 때문에 고객에게 가서 자초지종을 설명하고 죄송하다고 말씀드려요."

파트너는 앉아 있는 고객에게 다가가 정중히 죄송하다는 말씀을 드렸고 이유에 대해 설명을 드리며 재차 죄송하다는 말씀을 드렸다. 고객은 괜찮다고 마음을 받아들였고 기분 좋게 돌아갈 수 있었다. 디자이너의 사과는 대변을 하는 것이기 때문에 직접적인 사과를 하지 않고 끝나버린다면 실수를 한 당사자는 다음번부터 그 고객을 상대하기 어렵다. 그래서 잘못에 대한 사과는 본인이 할 수 있어야 한다.

스타일은 만족을 해야 완성이 되었다고 말할 수 있다. 하지만 머리를 직접 고객이 볼 수 있는 부분이 앞모습뿐이라서 뒷부분의 실수를 숨겨두는 사례들이 많다.

특히 염색은 바르는 방법에 따라 고르게 나올 수도 있고 얼룩이 생길 수도 있다. 그런 상태로 마무리 드라이를 하고 숨긴 채로 보내는 경우가 많다. 나는 그런 일은 용납이 안 되는 사람 중에 한 사람이다. 꼼꼼한 사람들은 내 말을 이해할 것이다.

기술을 파는 사람으로서 불량품을 파는 것과 다를 게 없다는 것이다. 그런 부분이 없도록 꼼꼼하게 하는 것이 나의 철칙이지만 내가 바빠서 잘못된 부분이 있다면 바로 시인을 하고 다시 방문해주길 권한다.

"고객님, 정말 죄송합니다. 제가 컬러를 확인해보니 매끄럽지 않은 부분이 있어 수정을 해드려야 할 것 같은데 한 번만 더 시간을 내서 방문 주시겠어요?"

"많이 이상한가요?"

"가려진 곳이라 보이지는 않지만 체크가 덜된 부분이라서 제가 한 번 더 체크해드리려고요."

"죄송합니다."

"아니에요, 안 보이는 곳이면 다음 달에 다시 와서 할게요."

이렇게 말하는 고객들은 디자이너가 먼저 잘못을 인정했기 때문에 아쉽지만 이해를 해주는 것이다. 그러나 다시 예약을 잡고 방문하는 고객들도 있다는 것이다. 말을 하지 않으면 모를 수도 있지만 간혹 발견이 되는 날에는 신임을 잃고 만다. 더구나 모발은 거짓말을 하지 않는다. 지금 당장 수정을 하지 않는다면 언젠가는 내가 해결해야 하는 숙제이다.

한번 얼룩이 지면 지우기가 어렵기 때문에 고객이 다른 미용실을 방문을 해서 시술을 한다고 했을 때도 나의 기술력을 평가 받는 순간이 온다. 우리도 머리가 잘못된 고객을 보면 "머리 어디서 하셨어요?"라고 물어보게 된다. 전문인으로서 대놓고 기술력을 고객 앞에서 평가하지는 않지만 속으로는 이미 평가를 마친 후일 것이다.

신체적인 접촉을 할 때 아무런 예고 없이 시술을 감행할 때가 있다. 이런 일들은 주로 염색을 바르기 전 추운 겨울이라면 차서 놀랄 수 있다. 이럴 때 미리 예고를 하고 한다면 고객은 마음의 준비를 할 것이다.

나도 염색을 20년간 매달 하지만 아무 생각 없이 머리를 대고 있다가 겨울에 심장이 멎을 뻔한 적이 있다. 늘 하던 일이지만 계절이 바뀌면 염색약이 알루미늄 소재의 케이스의 찬 느낌을 그대로 전달하기 때문이다.

"고객님, 죄송하지만 염색약이 차니 놀라지 마세요."

이 말 한마디가 고객에겐 더 없이 고맙고 차가운 염색약을 바르는 불쾌함을 느끼지 않는다.

샴푸를 할 때에도 신체 접촉을 해야 하는 부분이라서 먼저 예고를 해야 고객은 긴장하지 않고 편안한 시술을 받을 수 있다. 물이 먼저 닿기 전에 물이 닿을 거라는 멘트와 온도가 어떤지도 체크를 해주면 아주 좋은 시술이 된다. 고객이 대답이 없거나 귀찮은 말투여도 이런 멘트는 꾸준히 해야 한다. 소수의 고객보다 다수의 고객이 이런 멘트를 좋아한다. 차분하고 상냥한 말투라면 더 없이 좋은 멘트가 된다.

기다림이 지연이 될 때도 마찬가지이다. "고객님, 죄송하지만 잠시만 기다려주시면 바로 준비해드리겠습니다." 이런 멘트는 평상시 일상처럼 입에 붙어 있어야 하는 말이다. 예약을 하고 방문을 하신 고객님들이 대부분이기 때문에 예약 시간을 넘기기 전 바로 말을 해야 고객은 기다림에 불쾌해하지 않을 것이다. 같이 일을 하는 스텝에게도 예의는 지켜야 한다. 고객이 나를 보고 있는 것도 있지만 파트너의 인격적인 부분도 존중을 해야 한다. 옛날엔 존칭도 없이 이름을 부르는 경우도 있었지만 존중을 해야 나도 존중 받는 시대이기 때문이다.

명령을 하기보다 부탁의 말은 상대를 존중하는 말이기 때문에 부탁을 받으면 명령과는 다르게 실행을 하려고 했을 때 책임감을 더 느끼게 된다. 가르쳐주는 입장이기도 하지만 사실은 어렵고 힘든 일은 스텝들이 도맡아하기 때문에 일을 경쾌하게 할 수 있도록 해야 한다.

경력이 있는 친구들은 여러 디자이너의 시술을 해야 하기 때문에 그들 나름대로 바쁘다. 혼자 하기 어려운 작업들은 그들의 도움이 없으면 가능하지 않은 일이다. 그래서 부탁을 해야 하는 경우가 많다. 예전에는 가르치는 입장에서 그들이 도와주는 건 당연하다 생각했다.

그러나 서로 도와주는 사이로 생각해야 옳다고 생각한다. 가르치는 이유에 대해서 생각해보면 그들의 인력이 필요하기 때문에 가르치는 것이다. 가르쳐놓으면 다른 곳으로 가버리는 친구들도 물론 있다. 같이 오래 하지 못해 아쉬운 마음이 있지만 그렇다고 괘씸한 존재로 생각하기보다 얼른 다른 파트너를 다시 키워내는 것이 현명하다. 도움을 주고받는 관계는 고마워해야 하는 관계여야 한다.

"미연님, 미안하지만 중화 한 번만 부탁드리겠습니다."
"네, 알겠습니다."
"감사합니다."

처음엔 다소 어색한 어감이기는 하지만 금세 모든 사람들이 이런 어법을 따라 하게 되었다. 주고받는 대화가 너무나 고급스럽고 서로를 기분 좋게 할 수 있는 말이다. 나이 차이는 이모 나이 차이 정도 되지만 사회이기 때문에 존칭은 당연한 것이다.

일을 할 때는 파트너라고 생각해야 한다. 나의 언어는 곧 다른 사람에게도 전염이 된다. 그 모습을 보고 듣고 경험을 한 것에 동경하는 마음이 들면 자연스럽게 따라 하게 되는 것이다.

고마움을 표현하는 것도 표현하는 방식도 사람마다 다르지만 고마움은 '감사합니다.'라는 말을 하는 것이 가장 좋은 표현이다. 순간에 고마움을 표현하는 것이 상대가 느끼는 감정에 잘 전달이 된다. 물질적인 표현보다 말은 몇 배로 기억에 남는다.

죄송하다는 말 역시 어쩌면 자존심 상할 수도 있는 말이지만 정말 죄송한 일이 벌어지기 전에 미리 말을 하는 건 예의다.

어떻게 고객을 웃게 할 것인가?

　미용실에 방문하는 고객들은 자신들의 단점을 디자이너에게 말한다. 자신들의 단점을 보완해주기를 원해서이다. 단점을 말할 때 고객의 표정은 우울하기 짝이 없다. 그래서 성형외과가 한결같이 사람들로 북적거리는 것도 같다. 그 마음을 헤아려주는 것이 디자이너의 역할이지만 자신의 단점을 말하고도 듣고 싶어 하는 말은 반대의 말이다. 고객이 말하는 단점을 장점으로 돌려 말하면 고객은 금세 웃는 표정으로 바뀐다. 예쁘다는 주문을 걸면 자신이 정말 예뻐 보이기도 하고, 예쁘지만 매일 보는 자신의 모습에 지루하기도 하기 때문에 변화를 기대하는 심리가 가장 크다. 자신의 외모에 100% 만족을 하는 사람은 없는 것 같다.

미용실에 방문을 하는 이유는 자신의 변화한 모습을 만나기 위해서이다. 그러나 서론이 중요하다. 자신을 변화시켜줄 사람의 말이다. 단점으로 말하는 부분을 디자이너마저도 단점으로 단정 짓는다면 고객은 더 없이 단점에 집중하게 될 것이다. "아, 이 사람도 나의 단점을 인정하는구나."라고 말이다. 그런데 나는 고객이 단점이라고 말한 부분을 보았을 때 전혀 그렇지 않다 느낀 적이 많다. "저는 볼살이 너무 많아서 가리고 싶어요." 그렇게 말한 고객의 얼굴을 보면 자신이 어떤 사람과 비교를 해서 예쁘다는 기준을 정한 것이다. 그렇지만 그 사람만의 매력은 분명히 있다. 그것을 알려주는 것이 디자이너의 역할이다.

"고객님, 제가 보기에 그 볼살이 고객님을 더 어려 보이게 하는 장점이세요. 아마 이 볼살이 없었다면 고객님은 5살쯤 나이 더 들어 보일 거예요."

보는 관점에서 전문가는 단점으로 생각하는 부분을 장점으로 보는 시선이야 한다. 그렇게 말했을 때 고객은 다시 한 번 거울을 보며 장점으로 돌려보려 한다. 이내 한숨은 쉬지만 위안이 되었는지 웃음으로 다른 단점을 말하곤 한다. 나의 단점은 코가 작은 것이고 얼굴 면적에 비해 이목구비가 작은 편이다. 그래서 나 또한 성형을 고려해본 적이 있다. 그러나 사람의 욕심은 끝이 없다. 이것이 해결이 되면 다른 것을 고민하고 다른 것이 해결이 되면 또 다른 문제점을 찾아낸다. 근본적인 걸 완벽하게 달라지게 할 수는 없다. 하지만 이 모든 것이 생각에서 비롯된다. 미용 분야에 종사하는 사람들은 보는 시선이 다르다. 자신을 꾸밀 줄 알고 자신의 매력을 알기 때문에 절대 자신의 단점을 비하하지 않는다.

미용 일을 하면서 수십 번도 더 들었던 말이 "왜 미용실에만 오려면 머리가 예뻐 보이는 걸까요?"라는 말이다. 이런 심리는 머리를 해서 마땅히 만족스러운 결과를 얻지 못하였거나 오래 앉아 있는 것이 지루하거나 돈을 지불하는 만큼의 만족을 느끼지 못한 생각이 들거나이다.

돈을 써도 아깝지 않다는 생각을 하게 하는 건 두 가지이다. 머리할 때 즐겁고 머리가 만족스러울 때이다. 두 가지를 만족하게 하기란 어려운 일이다. 바쁜 날은 고객과 대화를 할 시간이 없고 고객과 즐겁게 대화를 할 때는 스타일보다는 대화에 집중이 되어서이다.

"저 오늘 머리 뭐 할까요?"라고 질문을 하는 고객은 나 또한 기대가 되는 고객이 된다. 일상의 지루함을 달래줄 만한 디자인을 만들 수 있는 기회이다. 그때마다 나는 고객에게 새로운 도전을 해보라고 권한다.

이런저런 이미지를 보며 즐겁게 상담을 한다.

"이런 스타일은 어때요?"
"음…. 안 해봤는데 괜찮을까요?"
"똑같이 하는 건 아니지만 비슷하게 어울리게 해볼게요."
"그래요. 오늘 한번 변신해보죠."

이렇게 고객은 들뜬 마음을 가지고 머리하는 동안 설레는 마음으로 기대한다. 한참을 고객과 이미지를 보고 대화를 해서 만들어낸 머리는 절대 실패한 적이 없다. 이미 머리하는 2시간이라는 시간 동안 머릿속으로 상상하고 받아들일 준비를 했기 때문이다.

나는 고객과 머리를 하며 즐거운 시간이 될 수 있도록 하는 여러 가지 방법을 생각한다.

가끔은 고객과 이벤트를 한다. 어느 날 고객이 그날따라 지쳐 보였다. "내가 마지막 손님인가요? 퇴근 전 고객은 불청객이죠?" 이 말에 나는 "아니요. 고객님이라서 즐거운 마음으로 기다리고 있었어요."라고 대답했다. 그러자 "오호, 빈말이라도 기분 좋은데요."라고 말했다. 그리고 오는 길에 로또를 하나 샀다고 말하는 것이다. "저도 살게요. 우리 당첨되면 천만 원씩 주기로 해요."라고 말했다. 서로 얼굴이 밝아지며 당첨이 되면 무엇을 할까 하는 말을 하며 머리하는 내내 기분 좋은 이야기들을 하며 시간을 보냈다. 말만이라도 기운이 나는 대화는 끝을 모르고 계속 진행이 되고 그렇게 한 달에 한 번 만나는 짧은 시간에 로또 얘기는 항상 빠지지 않았고 소소한 행복을 고객과 나누게 되었다.

내 친구 리현이는 성형외과 부서 담당 과장이다. 하루에도 수십 명의 환자를 상대하며 자신들의 모습을 바꿔보려 애쓰는 사람들이 많다고 한다. 하나 같이 연예인이나 요즘은 핸드폰에 카메라 어플이 발달하면서 현실과는 다른 이미지가 완성이 되는 얼굴을 원한다고 한다. 가끔은 너무 예쁘고 더 이상 성형을 할 수 없거나 해도 별다른 차이가 없을 때가 난감하다고 한다. 그럴 때 그냥 돌려보내고 싶을 때가 한두 번이 아닐 때가 아니라고 한다.

매일 일삼는 상담에도 고객을 어떻게 하면 웃게 할 것인가를 생각한다고 했다. 가장 좋아하는 반응은 고객의 고민에 공감하기라고 했다. 심리적으로 스트레스를 받고 고민하다 방문한 환자를 위로해줄 수 있는 건 공감해주는 것밖에 할 수 있는 일이 없다고 한다.

다른 곳에서 성형을 하고 온 환자는 재수술이 어렵다는 걸 알고 온다고 한다. 그런 환자에게 따뜻한 말 한마디와 공감하며 들어주면 상담만으로도 울적했던 기분을 달래고 돌아간다고 한다. 리현 과장은 스카우트 제의가 많다. 40대 한 아이의 엄마이지만 자신의 일에 책임감을 가지고 최선을 다하는 모습이 소문이라도 난 듯 러브 콜이 끊이지 않는다.

얼마 전 자신이 다니고 있는 강남의 큰 병원을 퇴사하려 마음을 먹고 사표를 썼지만 상사들의 격한 반응으로 대표 원장의 승인을 받아 한 팀의 과장으로 다시 제안을 받았다고 한다. 나이가 걸림돌이 될 수 있는 시대에 이런 제의는 흔하지 않은 일이다.

성형외과는 미용업계와 비슷하게 뷰티 쪽의 수술이기 때문에 클레임도 많다고 한다. 정말 힘들게 하는 환자들도 있는 게 사실이지만 이런 환자들의 마음을 진심으로 위로해주고 상담해주는 관념을 가지고 근무한 대가를 받은 것 같아 자신이 기특하다고 했다.

미용은 얼굴을 바꿔줄 수 없는 직업이기 때문에 단점을 장점으로 보일 수 있게 바꿔줘야 한다. 그러면 고객의 보는 시야부터 바꿔줘야 한다. "어느 부분이 마음에 안 드세요?" 이 말의 뜻은 전문가가 보기에 예쁜데 무엇이 고민이냐는 의미이다. 고객은 나만 그렇게 생각하나 하는 생각을 하게 된다.

머리를 자를 때 고객이 스타일을 주문을 하기도 한다. 머리에 가상으로 스타일을 떠올린 후 커트를 한다. 그리고 파마를 한 후 마무리 할 때까지, 고객은 스타일이 완성되는 순간까지 말이 없다. 그리고 완성된 머리에 만족을 하게 되면 그제서야 나에게 말을 한다.

"나, 이 스타일이 잘 어울리는 것 같아요."
"그렇죠? 제가 어울리게 했죠."

고객은 나의 뻔뻔한 농담에 한바탕 크게 웃는다. 그렇게 긴장감은 풀리고 만족스런 표정으로 수고했다는 말을 한다. 진심의 대화는 고민을 상담해줄 때 하고, 농담의 대화는 결과가 만족스러울 때 하는 것이 좋다.

얼마 전 오랫동안 나에게 머리를 하던 고객이 다른 곳으로 이사를 갔다가 돌아와 오랜만에 나에게 방문한 고객이 있다. 겉으로 봤을 때 스타일이 나쁘지 않는데 고객은 한숨을 쉬며 나에게 그동안 머리 때문에 스트레스 받은 이야기를 했다. 그리고 나에게 어떻게 해주길 원하는 기대를 하며 나의 눈을 바라보았다. 한참을 그동안 지내왔던 이야기를 하며 시간 가는 줄 모르고 대화를 했고 스타일을 완성해주었다. 그러자 고객이 전에 했던 사람도 머리를 잘하는데 "수빈 원장이 하면 미세한 차이가 있어."라고 말하는 것이다.

솔직히 전에 하고 오신 머리도 잘 어울렸다고 생각한다. 그 말을 들은 나는 이렇게 생각한다.

나는 이것이 그 자리의 편안함이라 생각한다. 자연스러움과 편안하게 오갈 수 있는 대화의 포인트가 스타일의 50% 만족을 이끌어내는 일이라 생각한다.

스타일은 오래 하다 보면 질리지만 사람은 오래 만날수록 편안해진다.

고객이 웃을 수 있는 대화를 하고 편안해지는 공감을 하면 나 또한 그 고객이 오기만을 기다리게 된다. 매일 사람의 머리를 하는 나에게도 그 고객으로 인해 편안해지기 때문에 일을 하는 기분보다 고객과 대화하는 재미로 하루를 보낼 수 있어 나도 즐거워진다.

같은 사람이 아닌 모든 사람들의 관심사는 다르지만 내가 관심을 갖지 않으면 고객도 나에게 관심을 갖지 않는다. 관심을 가져야 공감을 할 수 있기 때문에 대화가 즐거워질 수 있는 것이다. 하루하루가 전쟁 같은 일을 하지만 그 속에서 어울림이 있어야 일이 힘들지 않다. 매일이 중요한 삶을 소소한 재미를 가지며 살아야 한다.

4장

___

고객과의 관계는
곧 매출로
이어진다

고객이 방문했을 때 칭찬하기로 시작하라

고객은 왜 나를 찾아올까? 라는 질문을 하면 첫 번째 그 고객의 스타일을 알아서 해주기 때문이라는 답을 가장 많이 할 것이다. 고객은 알아서 해주는 스타일에 언제든 지루함을 느낄 수 있다. 이제는 머리를 잘하는 디자이너들은 너무나 많다는 것이다.

그리고 연령이 높아도 유행에 민감하게 변하는 고객들이 많기 때문에 나이가 어린 디자이너들도 이제는 실력보다 유행을 따라 스타일 공부만 하면 연륜이 있는 디자이너보다 돈을 더 많이 벌 수 있는 시대이다 그렇다면 고객은 나의 무엇을 보고 찾는 걸일까를 고민해본 경험이 있는가?

내가 고객이 적다면 많은 사람의 비결을 시기 질투만 할 것이 아니라 살펴보고 따라한 적이 있는지 생각해보아야 한다. 보통 사람들은 고객을 칭찬하는 것을 대수롭지 않게 생각하는 사람들이 많을 것이다. 하지만 나는 고객을 칭찬함으로 인해 좋은 일들이 많았다.

그날은 바쁜 날이었다. 정신없는 와중에 고객의 외모를 얼른 스캔했다. "오늘 옷이 너무 잘 어울리세요. 오늘 어디 가세요?"라고 인사했더니 활짝 웃으시며 "아니 그냥 한번 입어봤어요. 오늘 바쁘네요?" 하시면서 입가엔 미소가 한가득이었다. 그 후 바빠서 신경을 제대로 못 써 드렸지만 시간이 오래 걸렸음에도 화를 내지 않으셨다. 그리고 나갔다가 들오시더니 밥도 못 먹었을 텐데 먹고 일하라며 빵을 한가득 사오셨다.

두 번째, 신뢰하기 때문에라는 답도 가장 많다. 고객 입장에서 생각해 주고 이따금 재량껏 할인도 해주고 편안한 서비스를 한다. 하지만 이 또한 경쟁 세계에서 살아남기 위해서 이런 부분들 또한 모든 디자이너들의 필살기라고 해도 과언이 아니다.

고객도 칭찬을 좋아한다. 그렇지만 고객과 대화하기 전에 칭찬하는 것은 외모 분석뿐이다. 첫 번째, 칭찬을 먼저 해야 다음 대화가 매끄럽고 시술 상담도 부드럽게 진행이 될 수 있다. 미용실에 처음 방문한 고객 중 들어서기 전부터 불편한 심기를 드러내는 고객들이 있다. 어색해서 그럴 수도 있을 것이고 어떤 사람이 나의 머리를 잘해줄지 불안한 표정을 지을 때가 있다.

어떤 고객은 디자이너의 경력을 물어보기도 한다. 그리고 본인이 어떤 미용실에 다녔는지를 이야기한다. 유명한 브랜드를 다녔고 부원장에게 머리를 했다고 한다. 그 말은 내 머리를 잘하라는 이야기와 같은 이야기이다. 나를 깎아내리는 것 같아 조금은 기분이 안 좋을 때도 있다. 그렇다고 해서 고객이 나를 무시하는 건 아니다. 나에게 최선을 다해주기를 바라는 것이다. 그리고 아주 스타일에 민감한 편은 아니다. 오히려 능숙한 실력을 보여준다면 고객은 심리적으로 안정을 찾는다.

비슷한 사례는 너무도 많다. 그 중 나이가 좀 있는 고객이었다. 커트를 하면서도 민감했다. 커트를 하면서 파마 상담을 열심히 하시더니 짜증을 내듯이 말하는 것이다.

"아우, 배고파! 오늘은 안하고 다음에 올게."

당황스럽고 약간 화가 났다.

반말을 하면서 무시하는 말투가 좀 기분을 상하게 했다. 그래도 가실 때 일주일 내로 방문하시면 커트 비용를 받지 않는다고 말씀드렸다. 그리고 이틀 후 고객은 나를 찾아왔다.

"파마하려고 왔어. 나 시간 없으니까 빨리 해줘."

예약도 없이 말이다. 나는 목표를 세웠다. '이 고객이 나갈 때 꼭 웃고 나갈 수 있도록 하겠다.'는 마음을 머리에 상기시키며 시술을 시작했다.

나는 과한 거짓말은 하지 못한다. 다만 보고 느낀 말을 표현을 안 하는 성격이다. 그 이유는 진실성이 있어야 하는데 거짓말을 하면 티가 나기 때문이다.

"고객님, 자녀가 몇 살이세요?"
"45살이야."

계산이 어려웠다. 50대 후반으로 보였는데 보이는 나이와 딸의 나이가
차이가 있어서였다. 나이를 바로 물어보지 않았다.

"고객님 머리숱이 저보다 많아요. 피부도 좋으시구요."
"나 7로 시작하는데?"

진심으로 고객의 장점을 찾아 진심이 느껴지도록 칭찬을 해주었다. 고
객은 나의 진심이 느껴졌는지 "립서비스 잘하네."라고 말했다. 그 다음부
터 자식 자랑을 하기 시작했다.

나는 잠시 고객의 장점을 찾아 진심으로 칭찬을 해준 것이 고객의 마
음을 녹이기 시작했다. 그렇게 힘들게 했던 고객이 갑자기 간식을 사주
겠다고 하는 것이다. 한 번은 거절을 하는 편인데 나는 거절을 하지 않았

다. 감사의 뜻을 받고 싶었다. 그리고 고객은 나의 단골이 되었고 내가 필요하다고 하는 시술을 다 하시는 고객이 되었다.

고객의 마음을 알아주는 것 또한 소통의 방법이지만 그전에 꼭 진심이 담긴 칭찬을 먼저 해야 한다는 것이다. 오늘 파마만 하러 왔다면 칭찬하기를 먼저 하고 스타일 상담을 해보아라.

영업적인 멘트를 떠나서 칭찬을 하려면 고객도 알고 있는 칭찬하기를 해야 진심이 느껴진다. 늘 들어왔던 이야기를 다른 사람에게 증명이라도 받은 것처럼 고객은 행복해 한다. 기분이 좋아지면 모든 사람에게 관대해진다.

"음, 얼굴은 너무 좋아지셨는데 머릿결이 조금 건조하네요."라고 말하면 고객은 그쪽으로 관심을 갖기 시작한다. 그리고 이내 "그럼 클리닉도 해주세요."라고 말할 것이다.

내가 고객의 입장에서 생각해보면 예쁜데 더 예뻐지고 싶은 마음은 누구나 똑같을 것이다. 칭찬을 섞어 말할 때 고객은 더 욕심을 부린다.

자신에게 어떤 머리가 어울릴지 신중하게 물어보고 오늘은 어떤 시술이 필요한지도 구체적으로 물어본다. 평소보다 관대해진 고객에게 제안하고 싶었던 시술을 말하기 더 수월하다. 고객이 오늘 하려고 했던 시술을 내가 제안하는 시술로 바꿔 시술을 할 수 있는 기회를 만들기도 한다. 두 달이나 세 달에 한 번 파마를 하는 고객은 그날만큼은 다른 시술을 하며 기분 전환을 예상한다. 시술의 폭을 넓힐 수 있는 방법은 고객의 닫힌 마음을 관대하게 만들어야 한다. 단순히 영업의 목적이 아닌 고객을 더 예뻐지게 하려는 방법인 셈이다. 아이에게 엄마가 밥을 먹일 때 가장 힘들다.

매일 먹는 것만 먹는 아이에게 더 좋은 음식을 맛을 보게 하는 방법은 아이가 좋아하는 것을 한 가지씩 주고 안 좋아하는 음식을 기분을 달래가며 조금씩 맛을 보게 하는 방법으로 아이에게 맛을 보게 한다. 차츰차츰 아이는 그 맛을 음미하며 먹게 된다. 처음엔 낯설기만 한 음식이 별미가 되고 다시금 찾게 되는 음식이 되어 좋아하는 음식을 하나씩 늘려가는 방법이다.

아이에 비유한 이유는 고객은 경험하기 전에는 알 수 없는 시술들이 많다. 하지만 낯설기만 한 시술에 선뜻 도전하듯 시험을 해보는 고객은 많지 않다. 정말 절실히 필요한 고객에게는 약간의 서비스를 해주어 다음에 시술을 하도록 하기도 하지만 모든 고객들에게 그렇게 할 수는 없다. 항상 여유가 있는 시간에 방문을 하는 것이 아니기 때문에 모든 사람들에겐 불가능한 일이다. 그래서 시간을 들이지 않고 고객을 관대하게 만드는 진심을 담은 칭찬은 아주 좋은 방법이다.

내 이야기는 간소하게 하라

고객과 대화는 어려운 일 중에 한 가지이다. 고객의 관심사와 고객의 일상생활이 나와 다르기 때문이다. 평소 어떤 생각을 하고 휴무에는 어떤 문화생활을 즐기는지 모른다. 같은 하늘에 살아도 자신들이 즐기고 살아가는 일상이 다르기 때문에 관심을 갖고 질문하기 전까지는 알 수가 없고 질문을 해도 모르는 일들이 많다. 그런 고객들에게 즐거운 대화 거리를 찾는 것은 어려운 일이다. 휴무에 하는 절반의 일이 평소에 하지 못한 집안일과 늦잠 그리고 영화를 보거나 운동을 하는 일상이 대부분이다. 이런 이야기들은 지루하기만 하고 즐거운 대화를 이어나갈 수 없다.

고객과 대화를 하며 다른 사람의 삶을 살아보는 방법도 좋다. 내가 이야기하려고 애쓰기보다 고객의 삶을 들여다보는 것 또한 즐거운 일이 될 수 있다. 나는 고객에게 좋은 음식점과 문화생활 하기 좋은 곳을 추천을 받는 경우가 많다.

"고객님은 좋아하는 음식이 어떤 거세요?"
"저는 스시를 좋아해요. 친구가 이태원에 있는 호텔에 스시를 잘하는 음식점이 있다고 해서 갔었는데 1인에 15만 원 하는 음식을 먹은 적이 있는데 별로였어요."

한 끼의 식사가 15만 원이라는 말에 놀랐다. 나의 하루 일당을 생각하니 감히 생각할 수 없는 일이었다. 그런데 언젠가 나도 체인점인 긴자에 가본 적이 있다. 그곳도 1인에 9만 원 정도 하는 일식집인데 나는 맛있게 먹은 기억이 있다. 그래서 다행히 고객의 말에 공감할 수 있었다.

그때 먹은 스시는 내가 돈을 지불하고 먹은 식사가 아니었지만 경험을 해보아서인지 그리 깜짝 놀랄 일은 아니지만 고객은 일상으로 느껴진 게 놀라웠다. 그 경험으로 고객의 말에 공감했을 때 고객은 한껏 더 흥미롭게 이야기를 했다. 그리고 내가 그 삶을 잠시나마 경험을 해보았기 때문에 나 또한 고객의 이야기가 즐겁게 느껴졌다.

나중에 돈을 벌어 윤택한 삶을 사는 것이 아니라 한 번의 경험으로 워라밸을 꿈꾸는 것이 나에게도 행복감을 주게 된다. 고객은 나에게 어떤 말을 할지 고민하지 않는다. 다만 머리할 때 즐거웠으면 하는 것이 고객의 심리이다. 그런데 사람은 자신의 이야기를 할 때 가장 흥분을 한다. 자신이 경험한 이야기를 누군가 들어주는 상대가 있으면 더 재미있게 스토리를 만든다. 좋은 일이 있거나 감동을 받았다거나 재밌게 보냈던 일들을 다시 생각을 하게 하는 것만큼 고객을 행복하게 만들어주는 일은 없다.

초급 디자이너들의 가장 고민거리가 이야깃거리를 만들어내는 것이다. 돈이 없고 시간도 없는 초급 디자이너 시절은 집에서 잠을 자고 텔레비전을 본 일들이 전부이다. 전혀 일상이 다른 고객들과 대화가 될 리 없다. 나도 초급 디자이너 때 고객들과 소통을 하려 애쓴 적이 있다.

머리를 자르며 머리를 쥐어짜도 이야깃거리가 없어 힘들어 하던 시절이 있었다. 그래서 예능이나 이슈 거리를 기억해두었다가 고객에게 말을 한 적이 있는데 문제는 이야기가 내가 생각했던 것과 다르게 재미가 없어 안 하니만 못한 이야기가 되었다.

그것이 나의 문제였다. 기억을 다 하지도 못할 뿐더러 재미도 없이 주저리주저리 고객을 더 지루하게 만든 것이 나의 문제점이었다.

그러다 어느 날 벤치마킹을 간 적이 있다. 나는 내가 서비스를 하는 것이 몸에 배어 있어 자꾸만 디자이너가 말을 안 하면 내가 그 사람에게 말을 걸고 있었다. 평소 말하는 걸 힘들어 하던 내가 아주 편하게 말을 많이 하고 있었다. 그 디자이너는 내가 어떤 질문을 하면 자신의 이야기를 간단히 대답을 하고 나에게 되묻는 것이다.

"선생님, 바빠서 휴무에 여가 생활하기 어렵겠어요."
"맞아요. 거의 잠만 자요. 고객님은 휴무에 뭘 하세요?"

마치 바톤 터치가 되듯 이야기는 내가 다하고 있는 것이다. 고객으로 간 내가 그리고 말을 너무도 어렵게 생각했던 내가 아주 편하게 말하고 있는 것을 보고 그때 알았다. 말을 하려고 애쓰는 것이 아니라 대답을 들으려고 애써야 하는구나 하는 걸 말이다. 내가 잘못 판단한 것이 고객은 나의 이야기를 들어주러 오는 것이 아니라는 것이다. 자신의 이야기를 하고 편하게 대화를 하고 싶어 방문하는 고객이 더 많다는 것이다. 고객이 나를 친구처럼 생각할 수 있도록 만드는 것이다.

그래서 고객과 나누는 대화의 소재는 고객이여야 한다. 대부분의 사람은 남의 이야기에 관심이 없다. 고객도 마찬가지로 자신의 일상 이야기와 다른 이야기가 즐겁게 들릴 리 없다. 당시에는 들어주어도 기억을 하지 않는다. 그때 했던 이야기가 재미가 있었다면 이야기는 달라진다. 나는 고객과 이야기를 나누며 고객이 했던 말을 메모를 해둔다. 나 또한 내 이야기가 아니기 때문에 다 기억을 할 수 없기 때문이다. 기억을 하는 건 아니지만 메모를 통해 기억해낼 수 있기 때문이다. 물어보고 물었던 이야기를 다시 되묻는 것만큼 신뢰되는 일은 없다. 고객은 자신을 기억해 줄 때 감동을 받는다. 내 말에 귀를 기울여주고 다시 물어보고 공감하는 대화의 진행이여야 한다.

나는 대화도 서비스라는 인식을 가진 지 오래다. 하지만 내가 하려고

만 했던 것이 실수였던 것이다. 고객이 자신의 이야기와 자랑을 하고 나면 자신감도 덤으로 주는 서비스가 되는 것이다. 고객은 나보다 훨씬 경험이 많은 사람이고 더 많은 문화생활을 할 수 있는 시간이 많은 사람들이다. 유치하지만 강력한 문장이 생각이 난다. '뻔데기 앞에서 주름 잡지 마라.' 우습지만 강력하게 와닿는 말이다.

고객의 웃음소리와 말소리가 크게 들리는 매장은 절대 망할 수가 없다. 안에서 즐거웠던 이야기를 밖으로도 나르기 때문이다. 항상 자신이 즐거웠던 이야기는 1절로 끝나지 않는다. 자리를 옮겨서도 2절은 시작이 되고 그곳에서 나는 주인공이 된다.

고객은 나가서 어떻게 하면 즐거웠던 이야기를 다시 할 수 있을까 고민을 한다. 만나지 못하면 전화로라도 또 한 번 즐거움을 나누고 싶기 때문이다.

"나 오늘 미용실 가서 머리를 하면서 수다를 어찌나 했는지 시간 가는 줄 모르고 머리했어. 다음엔 너도 같이 가서 머리하자."
"그래? 머리 누구한테 하는데?

누군가와 이야기를 했을 때 자신이 말한 비중이 클수록 자신이 즐겁다고 생각한다. 자신이 야야기거리가 없는 것이 장점이라고 말할 수 있다. 내 이야기가 없기 때문에 들어줄 수 있는 것이다.

알지 못하는 고객의 일상과 경험을 통한 노하우를 고객을 통해 알 수 있는 것도 장점이 될 수 있다. 그런 경험의 이야기를 듣다 보면 어느새 나는 다른 고객들에게 정보통이 되기도 한다. 그리고 경험해보지 않고도 다른 고객이 비슷한 이야기를 할 때 공감의 요소가 된다.

결국 고객의 이야기를 머릿속에 쌓아두면 나의 좋은 콘텐츠가 된다. 나도 때로는 흥미롭지 않은 이야기도 있다. 대부분은 나와 거리가 먼 이야기가 그렇다. 그렇지만 시간이 지나면서 내가 들은 이야기가 같은 연령대 비슷한 감정과 경험을 하고 있다는 사실을 알았을 때 대화 포인트를 알게 되었다. 연령에 따라 접근하는 대화 방식과 관심 포인트가 비슷하다는 걸 알았다. 학교를 다니는 아이가 있는 여성은 학군 이야기하는 걸 가장 재밌고 관심 있어 한다.

자신의 자녀가 어느 대학에 가길 원하고 어느 학원이 유명하고 다른 학부모의 자녀 키우는 방법에 대해 굉장히 관심이 폭발적이다. 내가 줄 수 있는 정보는 어떤 부모는 이렇게 공부를 시켜 이런 대학에 보냈더라는 정보이다.

내 고객 중에 한 분은 서울대에 합격한 자녀를 둔 어머니가 있다. 입학하기 전 그동안 공부하느라 하지 못한 염색을 해주기 위해 방문했다. 방문을 할 때까지만 해도 서울대에 합격한 사실을 알지 못했다.

"선생님, 애 염색 좀 해주세요."
"네, 어떤 색으로 해드릴까요?"

아들에게 원하는 색을 물어보는 엄마에게 아들은 한 번에 색을 만들 수 없는 색을 원했다. "야! 그냥 한 번에 나오는 색으로 해. 너무 비싸." 조금은 냉정한 말투로 아들에게 말했다. 상담이 끝나고 엄마가 자리를 잠시 비운 뒤 아들에게 물어봤다.

"학교 원하는 대학 붙었어?"
"네, 서울대 붙었어요."

담담히 말하는 아들에게 "야, 염색 세 번 해도 되겠네." 하며 아들에게 축하한다고 말했다. 다음에 엄마에게 물었다.

"아들이 서울대 갔는데 아들에게 왜 이렇게 당당하세요?"
"내 돈 주고 보냈는데 안 당당할 이유 없죠."

엄마는 참는 내공이 있었다. 아무리 좋아도 아들 앞에서 좋은 기색을 보이지 않는다. 따지고 보면 엄마의 말도 맞다. 자신의 돈으로 본인의 능력 발휘를 해서 자신의 커리어를 쌓은 것이기 때문에 아들이 엄마에게 고마워해야 하는 건 당연한 일인 것이다.

나는 이 이야기를 입시 준비하는 자녀를 둔 고객에게 단골로 한다. 긴 이야기보다 이런 임팩트 있는 이야기는 고객에게 관심거리가 되기도 하기 때문이다. 짧지만 임팩트 있는 이야기를 고객에게 전달하라.

고객의 머리만 디자인하지 마라

전체 염색을 하게 되면 평소 바르던 입술색이 잘 안 어울리게 되는 경우가 있다. 우리는 그런 걸 단번에 알아차리고 바꿀 수 있지만 고객은 입술 색에 머리가 안 어울린다고 생각한다. 입술 색을 바꾸면 어울릴 수 있다는 사실을 모른다. 그게 전문가와 비전문가의 차이이다. 왜 이걸 모르지라고 하는데 서로 관심 분야가 다르기 때문에 모를 수 있는 게 이상한 건 아니다. 아마 내가 그 고객이 하는 일을 한다고 하면 그 사람 또한 나를 답답하게 생각할 것이니 이해가 안 되는 일은 아니다. 매일 밥을 먹고 거울을 보고 남의 머리를 해주는 사람이 다른 사람보다 더 잘 보이는 것은 외모의 전문성을 갖추는 일을 반복적으로 하고 있기 때문이다. 우리는 머리뿐만이 아닌 메이크업도 매일 같이 헤어스타일에 맞추기 때문에 헤어컬러와 잘 어울리거나 옷에 맞는 메이크업을 자신이 꾸미며 반복 학습을 하고 있다.

학습을 통해 고객에게도 어울리는 다양한 부분까지도 관심을 갖고 디자인을 해주면 고객은 디자이너의 생각을 반영하게 된다.

"고객님, 오늘 하신 브라운 색깔에는 립스틱은 약간 생기 있는 오렌지 컬러로 하시면 더 예쁘세요."라고 말씀 드렸더니 바로 백화점으로 향하셨다. 다음 번 방문하셨는데 입술 색이 바뀌어 있었고 너무 세련되게 보였다. 우리는 미적으로 더 볼 줄 아는 눈을 가진 사람으로서 가르쳐주면 되는 것이다. 그러면 그 고객은 거리를 오가며 예뻐졌다는 말을 들을 것이고 자연스럽게 나의 홍보 대사가 될 것이다.

요즘 남자 고객님들도 미에 관심이 많다. 피부 관리는 물론 여자 친구 만날 때 헤어 스타일링도 하고 비비도 바른다. 하지만 섬세한 부분까지 직접 하기가 쉽지 않다. 여자들도 집을 나갈 때 눈썹은 그리고 나갈 만큼 눈썹이 얼굴의 중심이니 만큼 남자들도 눈썹을 정리함으로 인해 한결 더 잘 생겨져 보이고 깔끔하게 보인다.

남자들도 잘 생겨 보이도록 꾸미고 싶다는 생각을 한다. 남자 스타일 파마 종류 중 가르마 펌으로 스타일을 마무리하는 중이었다. 스타일 마무리를 다했는데 뭔가 깔끔해 보이지 않았다. 그래서 마무리하는 내내 계속 어디가 문제일까 보다가 눈두덩이까지 내려온 눈썹을 보고 그냥 넘어갈 순 없었다.

"고객님, 눈썹 정리 좀 해드릴까요?"
"안 해봤는데 해주세요."

그래서 얼른 정리를 해드리니 너무 만족해하시며 "눈썹 정리는 처음 해보는데 또 자라면 어떻게 하죠?"라고 하는 것이다. 그래서 "다음에 또 제가 정리해드릴게요."라고 말했다. 고객님은 나가면서 조용히 데스크에 1만 원의 팁을 맡겨놓고 가셨다.

눈썹 정리는 단순하지만 섬세하고 고객의 이미지를 깔끔하면서 스타일의 완성을 높여줄 수 있는 부분이다. 30초도 안 걸리며 정리를 하고 났을 때 모습은 확연히 다르다. 왁스 처리를 한 스타일 밑에 자리한 눈썹은 전체 이미지를 좌우할 만큼 큰 비중을 차지한다.

스트레스를 많이 받으면 두피에 트러블이 생기는 사람들이 많다. 하지만 심각하게 받아들이는 사람이 없다. 머리가 빠지고 안 빠지고만 신경을 쓸 뿐 각질이 생기거나 가려운 부분에 대해 심각하게 생각하는 고객은 많지 않다. 그리고 그런 부분까지 체크해서 제품을 권하는 디자이너도 많지 않은 게 현실이다. 이유는 고객이 재품을 안 살 거라고 미리 단정 지어버리기 때문이다. 하지만 필요한 걸 필요하게 만드는 게 전문가의 일이다. 필요하게 만들려면 제품에 대해 알아야 한다. 제품 성분을 공부해야 고객에게도 자신 있게 추천을 할 수 있다. 혼자만의 공부가 아닌 팀이 같이 제품 공부를 했을 때 더 효과적이다.

한 팀으로 일하던 스태프가 있었다. 그 친구는 고객과 이야기하는 걸 좋아해서 샴푸실에 들어가면 나오질 않았다. 그래서 데리고 앉아 대화의 시간을 줄여주면 좋겠다고 여러 번 말을 해보았지만 고객과 조금만 소통이 된다 하면 샴푸실에서 나오질 않았다. 그래서 나는 그 친구의 그런 부분을 재능으로 재발견하기로 했다. 그리고 데려다 앉혀놓고 제품 교육을 했다. 성분 이해와 효과에 대해 설명을 했더니 그 다음부터는 샴푸실에서 제품 얘기를 시작하더니 판매까지 이루게 된 것이다. 그렇게 서로 사인을 주고받으며 판매를 하며 300만 원에 가까운 큰 성과를 이루게 되었다. 고객도 만족을 했고 스태프도 자신이 잘하는 부분을 인정받아 매일 일하는 걸 즐거워했다.

내 머리를 염색과 파마로 스타일을 완성하고 있으면 디자이너의 헤어스타일을 하고 싶어 하는 고객들이 많다. 그러나 더 예뻐 보이게 만들어주는 건 옷의 역할도 있다. 그래서 헤어스타일에 맞는 옷도 자주 구매를 하는 편이다. 나의 머리를 원하는 고객에게 옷 스타일에 대해서도 조언을 해준다. 외모가 중요시되는 시대에 자신이 입고 있는 옷에서도 자존감이 높아질 수 있다. 많은 옷들이 있지만 시술을 하며 염색약이 묻으면 얼룩이 지워지지 않아 옷을 자주 사야 한다.

나를 완성하는 데 큰 몫을 하는 패션은 중요한 이미지 메이킹이 된다. 인터넷에 너무나 많은 예쁜 옷들이 있지만 직접 입어보고 코디를 해서 옷을 구매를 하는 편이다.

내 스타일의 옷을 파는 곳을 정하고 자주 사는 곳이 있었다. 화려한 옷보다 매치가 잘되는 옷은 고객들에게도 관심의 소재가 된다. 머리를 하고 예쁜 옷을 입었을 때 어울리는 옷을 사게 하는 것도 고객에겐 재미거리가 될 수 있다. 내가 입은 옷들에 관심을 보이면 옷 가게도 소개를 한다.

나는 고객에게 여러 번 옷을 어디서 사냐는 질문을 받곤 했다. "선생님, 바지가 너무 편해 보이고 예뻐요. 어디서 샀어요?", "저 자주 가는 옷 가게가 있는데 가까워서 고객님도 가셔서 직접 구경해보세요. 저는 한 달에 한 번씩 가고 있어요. 그리고 그곳에 가면 사장님이 그 옷에 맞는 옷도 코디를 해주어서 좋아요." 옷을 잘 입고 싶은데 옷 고르는 것을 어려워하는 고객들이 많다.

나는 옷 가게를 해본 경험이 있어서 옷의 소재와 디자인에 중점을 두고 고르는 편이어서 더 관심을 받곤 한다. 한번은 저렴한 가격으로 구입한 옷을 약간의 다자인만 수정해서 입었는데 고객이 같은 옷을 사고 싶다고 물어본 적이 있다. 데님 스타일의 상의였는데 하의가 어울리는 옷이 있어서 구매를 하게 되었다.

"이 옷에는 이런 옷이 잘 어울려요."라고 말했는데 비슷한 디자인의 옷을 진짜 구매를 한 것이다. 그 옷을 입고 오셨는데 나는 그 옷에 어울리는 스타일을 제안해주었다. 그러자 조금씩 고객의 옷 스타일이 바뀌기 시작했다.

얼굴에만 어울리는 머리 스타일은 옷 코디에 따라 망쳐버릴 수도 있기 때문에 옷 스타일도 조언을 해주면 스타일을 더 돋보이게 할 수 있다. 어떻게 하면 예쁘게 해줄까 하는 고민을 머리에만 집중하는 것이 아닌 전체적인 코디에 대한 조언도 고객들은 좋아하는 편이다.

하지만 고객이 입고 있는 스타일은 직업과 관련해 코디를 하는 경우도 있다. 디자이너의 의상 스타일을 강조하는 것보다 고객의 니즈를 파악하고 추천을 해주어야 고객도 귀를 기울여 듣게 된다. 고객의 성향이나 체형을 벗어난 스타일 추천은 고객을 더 우울해지게 만들기도 한다. 통통한 체형의 고객에게 날씬해야 어울리는 의상을 추천을 하게 되면 자신이 어울릴까 하는 걱정을 먼저 하게 되고 머리를 하면서도 그리 즐겁지 않게 된다. 항상 나의 스타일을 부러워하는 고객이 있었다. 나의 옷이 예쁘다며 부러워하는 고객에게 "고객님도 이런 스타일로 입어보세요."라고 말했는데 "나는 선생님같이 날씬하지 않아서 그런 옷 못 입을 거예요."라고 답했다.

옷은 헤어스타일을 더 빛이 나게 도와주기 때문에 고객의 옷 스타일에도 관심을 가져야만 한다. 이런 부분은 고객의 삶 일부에 행복감을 느끼게 해주기도 한다. 어색하지만 담당 디자이너에 의해 주변의 관심을 받는다면 소소한 행복을 느낄 수 있는 일이기도 하다.

헤어스타일은 외모의 80%를 차지할 만큼 비중이 높다. 하지만 나머지 20%의 비중을 채우지 못하면 헤어스타일이 아쉽게 느껴진다. 헤어디자이너이기도 하지만 나를 꾸밀 줄 알고 디자인의 다양한 분야까지도 관심 갖고 학습해야 한다.

고객에게 최상의 서비스를 하라

디자이너가 최상의 서비스를 하려면 어떤 마음으로 서비스를 해야 할까? 모든 오너가 나 같은 사람 한 명만 있어도 좋겠다는 생각을 한다. 그러나 직원은 직원일 뿐 오너의 마음을 헤아려주는 직원은 거의 없다. 그래서 오너들이 마음의 상처를 받는 일도 많다. 디자이너는 프리랜서이기 때문에 개인 사업자이다. 월급이 아닌 인센티브를 적용 받으며 근무를 한다. 그런 점에서 나는 안타까움을 표하고 싶다. 너무나 오너 입장에서 하는 말들일 수 있으나 내가 실질적으로 그 자리의 사장임을 깨우쳐야 한다. 내가 주인이고 내가 서 있는 곳이 최고의 공간임을 고객들에게 보여야 한다. 일 때문에 슬럼프라는 것도 존재한다.

내가 왜 오너 마인드가 되어야 하는지는 이유를 말하고 싶다. 위에서 말했듯 나는 주인공이다. 나는 멋있는 디자이너이다. 이 두 가지를 보았을 때 내가 서 있는 곳이 깨끗하고 정리가 잘 되어 있어야 한다. 그런 정리의 일은 원래대로면 스텝들이 도맡아온 것이 사실이다. 나부터도 그런 스태프 생활을 하며 디자이너가 되면 청소 같은 건 하지 않는 것이 당연하다고 생각했다. 하지만 내 잠자리를 정리하듯이 내가 내 고객을 맞이하는 공간을 청소를 하는 것이 어쩌면 당연한 일이다. 내가 고객에게 최상의 서비스를 해야 한다고 생각한다면, 고객이 앉을 자리부터 내 손으로 닦아놓는 것이 서비스의 기초이다. 작은 서비스를 받으러 온 고객에게 미안한 마음과 부끄러움을 주지 마라.

처음 온 고객이 샴푸를 하러 오셨다.

"샴푸 얼마예요?"

"만 원입니다."

"비싸네요. 다음에 올게요. 가까워서 급하게 샴푸만 하러 왔는데 다음에 올게요."

"고객님, 제가 오늘만 원하시는 금액으로 해드릴게요."

샴푸를 하면서 "어디에 가세요?"라고 물었다. 그랬더니 "남자 친구를 만나는데 머리를 안 감아서 머리만 감으려구요."라고 말하는 것이다. 그래서 나는 머리를 잘 말려서 가볍게 드라이까지 해드렸다. 그리고 나가실 때 할인받을 수 있는 방법을 알려주면서 "다음에 꼭 방문해주세요."라고 말했다.

그리고 얼마 후 1주일도 안 돼서 파마를 하러 방문하셨다. 파마를 하면서 고객은 그날 너무 감동했고 할인받을 수 있는 방법도 알려주셔서 다시 오게 되었다고 말했다. 매장 내에 정해진 금액이 있지만 나는 그 고객에게 샴푸 서비스를 하고 다음에 내 기술을 보여주고 싶었다. 그래서 개인 사업자로서 내 재량을 작게나마 발휘한 것이다. 그때 내가 비싸서 돌아가려고 하는 고객을 그냥 보냈다면 이 고객을 다시 만날 수 있었을까 하는 생각을 한다.

아마 그렇지 않을 것이다. 정해진 규정의 전략만으로 고객은 감동할 수 없다. 금액을 막론하고 내가 고객에게 인정받으려면 먼저 최상의 서비스를 해보라.

최상의 서비스는 직원의 마인드로는 나올 수 없다. 나를 단정하고 매력 있게 갖추고 있는 것 또한 고객에게의 최상의 서비스이다. 디자이너에게 의상 또한 중요하다. 머리를 더 아름답고 멋있게 뒷받침해주는 것이 의상이다. 나를 더 돋보이게 해서 고객이 제일로 멋있는 사람에게 걸어올 때 고객은 내 디자이너에 대해 자부심이 생긴다. 내 고객 중 백화점 VVIP 고객이 있다. 그분은 들어올 때 한 손을 들고 "수빈이 있냐!"라고 말하며 들어온다. "나 수빈이한테 머리하러 왔는데 수빈이 있어?"라고 말한다. 그러면 관리자는 아주 공손하게 나에게로 안내한다. 앉아 있는 자세부터 다르다. 물론 높은 직급을 가지고 있어서 그런 것도 있겠지만 제일 멋있는 사람에게 머리를 한다.

이런 사람이 나의 머리를 해주고 최상의 서비스를 한다고 자부하는 의미이기도 하다. 그런 사람에게 서비스를 받고 싶지 않겠는가. 벤치마킹을 해본 사람이라면 알 것이다. 내가 유명한 디자이너에게 예약을 하고 가서 기다리고 있을 때 정말 멋있는 디자이너가 나를 맞이했을 때 나 또

한 자존감이 올라갔다. 이 말을 이해한다면 지금 당장 자신의 모습을 거울에 비춰보아라. 내가 정말 최상의 서비스를 할 준비가 되어 있는 사람인지를 말이다.

같이 온 동반 고객을 고객으로 바라보지 않는 디자이너들이 많다. 특히 커플이 동반했을 때 한 분이 머리를 하게 되면 차 한잔의 서비스는 이제 너무나 당연한 서비스가 되어 안 주면 화를 내고 다시는 방문하지 않을 만한 일이다.

이들에게 최상의 서비스란 무엇일까? 아마도 두 사람의 시간을 더 행복하게 만들어주는 것이 최상의 서비스가 아닐까 싶다.

매일 아침 드라이를 예쁘게 하고 하루를 보낸다면 거울을 보는 횟수가 평소보다 더 많을 것이다. 자신의 예뻐진 상태를 확인하기 위해서이고 자신의 모습을 자꾸 보고 싶게 된다. 그러면서 느끼는 행복감은 하루를 기억하게 만들 것이다. 그런 행복을 선물한다고 생각하면 나의 하루도 내일도 행복한 날들을 보내게 될 것이다. 나는 커플 고객을 나이를 불문하고 나가실 땐 두 사람 모두 예쁘게 해서 보낸다. 나로 인해 기분 좋은 하루를 보내라는 마음을 담아 한 사람은 스타일링을 해서 보낸다.

　서비스는 남이 하기 어려운 일로 마음을 전해야 한다. 최상의 서비스는 감동이어야 전달이 되기 때문이다. 나는 손가락만 몇 번 움직이면 고객을 예쁘고 멋있게 해줄 수 있는 기술을 가진 사람이다. 그런데 먼저 서비스를 하지 않고 고객을 다시 만날 수 있다고 생각하면 욕심이다. 이제는 명함 한 장으로 고객은 나를 찾지 않는다. 나라는 사람을 먼저 보여주어야 신뢰를 한다. 이렇게 생각하면 최상의 서비스는 그리 어려운 일이 아니다. 내 마음가짐이 올바르다면 가볍게 할 수 있는 일이다. 나는 개인사업자이다. 그럼 내 안에 나를 직원으로 생각하는 마음은 사라지게 된다.

　프리랜서는 오너와 같은 마인드를 갖고 서로 원원할 수 있는 관계라고 생각하면 더 빠르게 자신도 성공할 수 있다는 것이다. 이 말은 어쩌면 익히 알고 있는 내용일 것이다. 하지만 이걸 실행하는 디자이너가 많지 않다. 그래서 성공하는 사람도 극소수인 것이 아닐까 하는 생각을 한다. 오너는 들어오는 고객을 그냥 보내는 걸 가장 두려워한다. 그런 두려움을 없애주는 디자이너라면 그 디자이너 또한 최고의 디자이너가 될 것이다.

나는 가끔 추억을 선물하기도 한다. 아이가 혼자 와서 머리를 할 때 시술 과정을 사진으로 남겨 둔다. 다음에 엄마가 방문을 하면 깜짝 선물이 된다.

군대 가는 아들을 혼자 보낸 고객이 있었다. 군대 머리를 처음으로 자르는 광경을 사진으로 찍었다. 저장해둔 사진을 고객이 올 때까지 기다렸다가 고객에게 보여주었다. 고객은 너무 놀란 표정으로 사진을 들여다보았다. 고객은 사진을 전송해달라고 말했다. 너무 고마워했고 나 또한 뿌듯했다. 기억에 남을 만한 기억을 준다는 건 너무나도 소중하다. 선물의 의미는 물건이 아니더라도 그날을 기념해주는 것만으로도 최고의 선물이 될 수 있다.

그 고객님도 나를 너무 소중히 아끼신다. 내가 오픈 준비를 하고 있을 때 고객님을 동네에서 마주친 적이 있다. 정확히 어디라고 말하지 않고 연락처만 드렸는데 공사장에서 한참 공사를 마무리하고 가려던 중 귀에 익은 목소리의 사람이 "수빈쌤." 하고 부르는 것이다 일부러 연락이 없어서 어딘가 하고 찾아오셨다는 것이다. 너무나 깜짝 놀랐고 인테리어 사장님도 어떻게 하면 고객이 저렇게까지 기다리고 관심을 보일 수 있냐고 나에게 물어보셨다. 그뿐만이 아니다. 오픈하는 날에는 화분까지 보내주셨다. 너무나 감동이었고 나에게 최고의 선물이었다. 아마도 그 일은 평생 잊을 수 없는 일이 될 것 같다. 서로 물질적인 것이 아니어도 관심과 사랑이 최고의 선물이 된다는 것이다.

▶ ▶ ▶ 05

희망도 함께 파는 디자이너가 되라

매일 반복되는 일상이란 누구나 가지고 있는 소소한 행복을 말할 것이
다. 소소한 행복으로 인해 일상생활에 많은 영양을 받는다. 머리를 자르
면 마치 목욕을 한 것 같은 개운함을 느낀다. 긴 머리를 정리해서 앞이
잘 보이게 하면 기분도 좋아진다. 나는 그런 직업을 가지고 있다. 안 보
이는 것을 보이게 하고 일상을 행복하게 만들어주는 직업을 가졌다. 나
도 예뻐질 수 있다는 희망적인 메시지를 전달하는 것이다. '내가 예뻐졌
듯 당신도 예뻐질 수 있습니다.'라는 희망을 주어야 한다. 변화를 원하면
성형을 생각하기도 하지만 사실 드라마틱한 변화는 머리에서 얻을 수 있

다. 그래서 머릿속으로 완성된 스타일을 그려본 후 시술하는 것이 좋다.

얼마 전 안면거상 수술을 하신 고객이 방문했다. 머릿결은 곱슬이고 손상으로 인해 다른 미용실에서 계속 파마를 해주지 않아 염색만 한 것이다. 그래서 손상도 체크를 했는데 파마를 할 수 있는 모발이었다. 그래서 매직세팅 파마로 시술했다. 예쁘게 해드릴 수 있다는 확신을 드렸고 심혈을 기울여 시술한 머리는 깔끔하고 끝부분 C컬까지 깔끔하게 잘 나온 상태였다. 나도 만족했는데 고객이 불만족스러울 리 없었다.

"나 얼굴 성형하는데 2,500만 원 들었는데 30만 원 들인 머리가 더 맘에 들어요."

"내 딸도 이렇게 할 수 있어요?"

"그럼요."

"내 딸도 이렇게 해주세요. 진짜 내 생에 처음으로 가져본 머리예요."

"맘에 드셔서 저도 좋아요. 꾸준히 관리도 해드리겠습니다."

나의 직업은 고객이 예뻐지는 것에 기준이 맞춰져 있어야 한다. 고객들은 대중적인 머리에 이미 익숙하다. 대중적인 머리가 예뻐 보이는 건 텔레비전에서나 SNS로 인해 얼굴이 예쁜 연예인들이 많이 하고 나오기 때문이다. 나도 연예인처럼 예뻐지고 싶은 욕망이 있으나 자신이 도전해 보지 않은 스타일을 선뜻 해달라고 말하는 고객은 없다. 그래서 '이런 머리가 나는 어울리지 않아.'라고 생각하는 고객을 내가 추천해주고 시술해서 이미지 변화를 주는 것이다. 성형보다 강한 효과를 볼 수 있는 것은 헤어스타일의 변화이다. 살이 쪄서 옷을 코디하기 어려운 몸매도 예쁜 옷을 골라 입으면 다른 사람이 되는 것처럼 얼굴에 어울리는 예쁜 머리를 추천해서 입혀야 하는 것이다.

얼굴의 차이는 다르게 생긴 점을 빼곤 윤곽은 비슷하다. 다만 대표적으로 참고해야 할 것은 키와 얼굴 크기, 목의 길이, 얼굴 길이를 보고 스타일을 추천해야 한다. 이런 디테일한 것들을 보기 시작하게 되면 고객에게 희망적인 시술을 할 수 있는 것이다. 시술에서만 희망적인 메시지를 줄 수 있는 것은 아니다. 오래된 고객은 오랫동안 머리를 하다 보면 스타일 변형을 원하지 않는 고객도 있다. 그런 고객은 편안함 때문에 방문하는 경우가 있다. 그렇게 되면 고객과 나도 권태기에 빠진다. 서로 오래 보면 고객도 지루함을 느끼고 나도 새로운 고객에게 더 웃어 보일 때도 있다. 하지만 명심해야 한다. 고객은 나에게 돈을 지불하고 예뻐지기 위해 온다는 것을 말이다.

어떤 고객이 올 때 기분이 좋아지는 고객이 있다. 만나면 서로 공감할 수 있은 이야깃거리가 있기 때문이고 만나면 즐겁기 때문에 항상 그런 분들이 나에게도 활력소가 된다. 즐겁게 일하고 싶다면 공감대를 찾아보면 좋을 것이다.

사람들이 책에 대한 관심이 많아졌다. 자기개발서 또는 에세이 등등 많은 장르에 관심을 가지고 읽고 있다. 그중 자기개발서는 일맥상통하는 책들이 많다. 미래를 걱정하고 개발을 준비하는 사람들이 너무나 많다.

내가 7년간 머리를 해드리는 고객님이 계신다. 미술과 여교수님이신 유영미 교수님이다. 그분을 만나면 그동안 무엇을 했는지 너무나 궁금하다. 그분은 30대, 40대, 50대, 60대를 미리 설계하시고 목표를 세워 늘 바쁘게 살아가신다.

그분은 30대에 교수를 하겠다고 생각했고, 40대에는 학원을 운영할 거라 계획했고, 50대에는 노년으로 산을 사서 테마파크를 운영하신다고 하셨다. 정말로 그분은 생각과 계획대로 미래를 설계하면서 살아가고 있었다. 전원주택을 지어 살고 계신 고객님은 1층은 갤러리를 만들어 돈없는 학생들을 위해 전시회를 할 수 있도록 자리를 제공하는 선행도 서슴없이 엄마 같은 마음으로 하신다. 지금은 순천에 테마파크를 만드실 계획으로 진행 중이라고 했다. 순간 나는 머리가 하얗게 변하는 것 같았다.

순간순간 짧게 계획은 세워봤지만 인생을 10년 단위로 계획을 세운다는 말이 나에겐 생소했던 것이다. 그래서 나는 그분의 말을 듣고 정확한 계획을 세웠다.

40대에는 원장이 되겠다고 말이다. 나는 오시는 분들마다 그분의 이야기를 들려 드렸다. 누군가의 말을 전달하는 말이었지만, 나 또한 그렇게 계획을 세웠기 때문에 말을 전달함에 있어서 그분을 떠올리게 되었다. 그리고 그런 말을 들은 고객들 대부분 잠시 깊은 생각에 빠지곤 했다.

나는 좋은 이야기나 음식 경험담을 전하는 걸 좋아한다. 기술만이 아닌 같이 즐거워할 수 있고, 고객들에게도 좋은 정보가 되길 바란다. 무엇보다 내가 바라는 것은 나의 즐거웠던 경험을 같이 소통하는 것이다.

남자 고객이나 여자 고객들 중 미혼인 고객들은 이성적인 매력을 돋보일 수 있는 스타일을 만들어주는 데 중점을 둔다.

그리고 고객에게 이렇게 말한다.

"이 머리하고 이성 친구 생기면 내 덕이에요."
"왜요?"
"오늘의 스타일 주제는 이성 만들기였습니다."

고객은 정말로 얼마 후에 이성친구가 생겼다고 자랑한 적도 여러 번 있다. 머리를 하면서 나는 단순히 예쁜 머리가 아닌 주제를 정해서 해주면 고객도 그 부분에 희망을 걸게 된다.

그것이 현실이 되면 데리고 와서 사이좋게 머리도 같이 한다. 그 순간이 나는 제일 뿌듯하다. 왠지 목표 달성을 한 것이 나에게 이성이 생긴 것보다 더 설레고 기분이 좋다. 머리를 할 때에도 주제나 테마를 만들어 다양한 재미를 주며 고객에게 즐거움과 희망을 갖게 하는 것은 고객과 오랜 동반을 위한 것이기도 하다.

나는 이 직업을 단순히 머리만 디자인하는 직업으로 생각했을 때, 깊은 슬럼프에 빠지는 걸 경험했다. 점점 나이가 먹어가니 나와 비슷한 연령의 고객과 연상의 고객이 편해졌다. 자신 있는 기술력만 표현하기 좋은 고객들로만 가득했던 때 나의 기술이 나에게도 지루해지는 걸 알았다. 고객이 귀찮았고 출근하기도 싫었던 적이 있다.

반복되는 스타일의 표현이 나에게 슬럼프가 되었다. 그땐 내가 '기술도 나이를 먹었구나.'라는 생각을 하지 못했다. 한편으로 나도 연예인들이 하고 나오는 머리를 하고 싶다는 생각을 했지만, 머릿속으로만 생각하고 해보려는 노력을 하지 않았다.

그런데 어느 날 이래서는 안 되겠다는 생각을 하게 된 계기가 있었다. 엄청 예쁜 고객이 나를 찾아왔다. 나는 너무나 불안했고, 신입 때처럼 떨리고 불안했다. 이렇게 예쁜 고객을 내가 예쁘게 해줄 수 있을까? 걱정을 하며 시술을 했지만 결과는 암울했다. 역시나 나의 올드한 스타일로 고객은 실망을 하고 돌아갔다.

그 후 그 고객은 나를 다시 찾지 않았다. 나는 그 후 충격을 받고 공부를 시작했다. 스타일을 바꾸는 것이 쉬운 일은 아니었지만 그렇게 나는 다양한 고객을 보유할 수 있었고 지금은 누구보다 젊게 해드릴 수 있는 기술력을 갖게 되었다. 내가 만나고 싶은 고객과 소통을 하여야만 고객이 원하는 것을 알 수 있고 표현해주기 위해, 나를 성장시키는 데 노력을 할 수 있다.

사람이 늙듯이 기술도 늙는다. 나이를 먹어도 꾸준히 운동을 하는 사람은 몸이 늙지 않는다. 그러나 나이가 먹는 대로 늙는 것을 받아들이는 사람은 나이만큼 늙어 운동하는 사람보다 수명도 단축이 된다.

이처럼 기술도 자신이 가지고 있는 기술력만 고집을 한다면 늙지 않으려는 고객은 떠나고 만다. 그런 디자이너는 고객에게 희망의 메시지를 전할 수 없다.

자신이 어떤 기술을 가지고 있느냐에 따라 고객은 연령층과 부류가 달라진다. 내가 멋있는 기술을 가지고 있지 않은 이상 멋있는 고객은 관상용이라는 말이다. 추구하는 기술력을 어떤 고객에게 희망의 메시지를 나누고, 나는 어떤 희망을 줄 것인가를 고민해야 한다. 그래야 나도 지치지 않고 오랫동안 고객과 함께할 수 있다.

대화의 초점은 희망적인 생각과 자기개발이 초점이다. 내가 희망의 메신저가 되려면 고객들과 좋은 이야기를 나눌 때 책을 읽을 때보다 더 강한 메시지를 전달하고 전달 받을 수 있다.

06

불편한 질문은 선의의 거짓말로 마무리하라

고객과 이야기를 하다 보면 불편한 질문을 받을 때가 있다. 그럴 때 솔직하게 대답을 하고 싶지만 그러지 못하는 이유도 있다. 같이 일하는 직원들에게도 비밀이 지켜져야 하는 일도 있기 때문이다. 고객들도 친해지다 보면 대답하기 어려운 질문을 간혹 물어보는 편이다. 그럴 때 딱 잘라 말하기 어렵다고 말해본 적은 없다. 하지만 대답하기 불편한 질문을 말을 돌려 말한 적은 있다. 물론 처음부터 말하기를 꺼려한 건 아니다. 말을 함으로 인해서 안 좋은 경험이 있었기 때문이다. 고객과 친하다고 해서 다 말할 필요는 없다. 서로 대화를 해서 즐겁거나 정보를 교환하거나의 그런 요소가 아닌 부분은 피하는 것이 좋다.

그런데 이런 부분을 자연스럽게 돌려 말하는 걸 처음부터 잘한 것은 아니다. 신입 디자이너 때 질문을 가려해야 하는 걸 모르는 때가 있었다. 물어보면 실례가 된다는 걸 모르는 나의 어린 시절에 적잖이 당황한 사례를 통해 배운 것이다. 고객은 나의 질문에 정확한 대답을 주는 대신 나에게 되묻는 것이었다. 그때 알았다. '내가 불편한 질문을 했구나.' 하고 느꼈기 때문이다. 그리고 이제는 그런 질문에 대처하는 방법을 알게 되었다. 서로 당황하지 않고 자연스러운 대화가 되려면 어색하지 않아야 한다. 그로 인해 고객을 잃을 수도 있기 때문이다. 보통은 남자 고객들과의 대화가 그런 편이다.

남자 고객들 중에 나와 비슷한 나이의 고객들은 남자 친구가 있냐는 질문도 한다. 어떤 의미인지 눈치로 알 것 같은 질문이다. 일을 하다 보면 나도 고객이 맘에 들 때도 있다. 그렇다고 밖에서 만나보는 것도 사실 조심스러운 일이다. 만나서 오랫동안 좋은 관계가 유지가 된다는 보장이 없기 때문이다. 이 사람 저 사람 만나다 소문이라도 잘못 나는 날에는 일에 지장이 있기 때문이다. 지금은 나이와 결혼 유무에 관계없이도 고객은 잘 꾸미고 있는 여자 디자이너들에게 호감을 보이는 경우도 있다.

그런데 고객과 만나서 잘되는 사례도 있었다. 나이가 어린 디자이너인데 비슷한 나이의 고객이 그 디자이너에게 적극적으로 대시를 한 것이다. 올 때마다 20명이 넘는 직원들의 간식을 사와 나눠 먹으라 한 적도 한두 번이 아니었다. 지나고 보니 많은 양의 선물 공세가 허세가 아닌 재력가였다. 지금은 그 사람과 결혼을 해서 아주 행복하게 잘 살고 있다.

이런 사례를 보면 부럽기도 하지만 다 그런 것만은 아니라는 것이 현실이다. 잘 해주는 고객이 감사하지만 사적인 관계로 가는 걸 원하지 않았으면 하는 일도 있다.

정말 예쁜 디자이너가 있었다. 머리를 일주일에 한 번씩 관리를 받으러 오면서 호감 표시를 하지만 정작 디자이너는 부담을 느낀다. 자연스럽게 고객으로서 관계를 유지하고 싶지만 고객은 여지없이 밖에서 밥을 먹자는 말을 한다.

"저 이렇게 자주 오는데 밖에서 밥 한 번 먹으면 안 돼요?"

장난스러운 말로 한마디 하지만 장난이 아니라는 게 느껴진다.

"죄송하지만 저희 시스템은 고객과 밖에서 만나면 안 된다는 룰이 있어요."

"그럼 여기 그만두면 되겠네."

"하하하 고개님 저 부양해야 하는 부모님이 계셔서 그만두면 굶어 죽어요."

농담으로 한 말이지만 고객은 부양해야 하는 부모에 대해 더 이상 물어보지 않았고 자연스럽게 대답은 마무리가 되었다.

전화번호를 달라고 할 때도 있다. 그래서 한 개의 핸드폰을 더 가지고 있어서 고객 관리 폰 번호를 말한다. 낮에 고객에게 해피콜을 하는 전화로 사용하는 번호임을 알게 되면 사적인 메시지나 전화를 하지 않는다.

대단한 사람은 아니지만 불가피한 일이 발생할 수 있는 부분을 미연에 방지를 하는 것이다. 미용이라는 직업이 아직은 전문직처럼 인식이 높지는 않다. 그런데 일반인들보다 잘 꾸미기 때문에 일반 사람들과 비교하여 외모가 더 예뻐 보이는 건 사실이고 예쁘고 잘생겨 보이는 사람을 누가 마다하겠는가. 자신의 가치를 올리는 일 중의 하나로 자기 자신을 조절해야 한다. 얼렁뚱땅 가벼운 사람으로 치부해버리는 경우가 많아 더욱이 자기 관리를 해야 한다.

불편한 질문을 잘못 이야기해서 고객을 어색하게 해서는 안 된다. 나의 팬이자 고객이기 때문에 이런 질문에 잘못 대처해서 고객을 잃어버리는 상황을 만들면 안 되기 때문이다.

나이를 물어보는 고객들이 있다. 디자이너는 나이가 경력을 말해주기 때문에 어린 디자이너들은 자신의 나이를 그대로 이야기하면 고객은 불안해하고 기술력에도 의심을 받을 수 있다.

나이가 어린 걸 알고 머리를 자르는 내내 불안한 기색을 표현한다. 그리고 머리를 자르고 있는데 오른쪽과 반대쪽의 길이의 미세한 차이도 예민하게 말하는 경우도 있었다. 더 힘든 건 말투에도 공격성을 보이기도 한다. 대부분은 나이가 좀 있으신 고객님들이 디자이너의 나이를 궁금해한다. 경력을 유추해보기 위한 질문이 대부분이다.

요즘엔 젊은 사람들이 더 스타일을 잘 표현하기 때문에 젊은 디자이너들도 인정을 많이 받는 반면에 아직도 경력을 우선시하는 고객들도 존재한다는 것이 안타깝다.

어쩔 수 없이 나이를 속이기도 하는데 이건 어쩔 수 없는 선의의 거짓말이다. 잘하는데 나이가 어리다는 이유로 고객의 의심을 받을 이유는 없다. 고객을 안심시키고자 하는 선의의 거짓말인 것이다.

젊은 고객들은 어떤 머리를 해도 소화를 잘하고 어리기 때문에 어떤 머리를 해도 예쁘게 잘 어울린다. 그러나 나이가 있으신 고객들은 새치가 많다는 이유로 잦은 염색을 하기 때문에 모발에 윤기도 없을 뿐만 아니라 스타일도 고집하는 경우가 있다.

50대 여성의 고객이 물었다.

"나이가 어떻게 되나요?"
"저 스물 여섯이요."
"미용한 지 얼마 안 됐네."

그때 아차 싶었다.

"제가 조금 일찍 시작해서 경력은 6년 정도 돼요."

유심히 시술하는 걸 지켜보던 고객은 "내 머리는 경력이 있는 사람이 잘라야 하는데."라고 말했다.

"고객님, 제가 나이는 어려도 교육을 많이 받아서 잘 잘라드릴 수 있어요."

머리를 다 자르고 난 후에도 어딘가 미심쩍은 표정은 그대로 있었다. 시술이 끝난 후에는 "머리는 괜찮은데 가서 손질해봐야지 알 수 있어요. 어려서 잘 못 자를 줄 알았는데 잘 자르네."라고 말하고 돌아가셨다.

고객들은 10년 정도의 경력을 신뢰한다. 지금은 다 그렇지도 않지만 자신이 좀 까다로운 스타일이라고 생각하면 디자이너에게 요구하는 것들이 많기 때문에 요구하는 것을 잘 파악하려면 경력이 있어야 한다고 생각한다. 그래서 너무 자신의 나이를 그대로 말하는 건 고객을 안심시키기에 좋은 방법은 아니다. 자신의 나이보다 3살 정도는 많아 보이는 콘셉트의 의상을 입고 나이를 올려서 말해야 고객은 안심을 하고 맡긴다.

한편 선호하는 스타일이 없는 고객들도 많다. 그러나 하고 싶은 로망의 머리는 한 가지씩 가지고 있다. 그러나 자신이 그런 스타일을 소화할수 있을까 걱정을 한다.

나의 친구 유경배 원장은 고객이 "나에게 이런 머리가 잘 어울릴까요." 라는 말에 난감해한 적이 있다고 한다. '난감하다.'라는 건 전문가가 보았을 때 그대로 잘라주었다가는 낭패를 볼 수 있는 스타일이기 때문이다. 그러나 딱 잘라 "아니요."라고 말할 수 없기 때문에 머릿속으로 잠시 생각을 해야 하는 시간이 필요하기 때문에 당황스럽다고 한다. 그래서 생각은 뒤로하고 "네."라고 말한 후 정말 아니겠다는 스타일이라면 조심스럽게 다른 스타일을 추천을 한다고 한다.

고객이 원하는 스타일의 느낌을 살려서 비슷한 느낌으로 디자인을 유도하는 것이다. 이런 경우 상담은 평소보다 디테일하게 고객의 의견을 물어보아야 한다. 고민이 무엇이고 손질은 잘할 수 있는지 물어보아야 한다. 선의의 거짓말로 대답을 하고 자연스럽게 고객을 설득해야 한다. 그리고 집에서 하기 쉬운 손질법을 알려주고 돌려보내야 한다. 스타일의 완성은 미용실에서 뿐만이 아니라 집에서도 손질이 잘 되어야 한다. 고객은 머리가 마음에 들어도 집에서도 손질이 가능할까 하는 두려움을 갖는다. 디자이너는 이런 부분까지도 신경을 써서 스타일을 완성해야 한다.

07

긍정의 언어로 대화하라

사람의 모발은 얼굴도 다르고 성격도 다르듯 사람마다 다른 성격을 가지고 있다. 경력이 오래 되어도 정확한 모발의 손상도와 성질을 구분하기 어려운 것이 모발이다. 모발을 많이 경험해보아야 어느 정도 감이 생긴다. 경험이 많아야 고객에게 해줄 수 있는 메뉴가 많아진다. 펌을 원하는데 손상이 되어 미용실에서 안 된다고 말했다는 고객들을 종종 만날 수 있다. 모발을 보면 겉으로 보기에 손상이 많아 보여도 수분 테스트를 통해 손상을 체크해보면 알 수 있다. 무조건 빗질이 안 된다고 해서 파마가 안 되는 건 아니다. 특히 얇은 모발은 진단을 잘못해서 실수를 하는 경우를 종종 본 적이 있다. 모발은 구부려 봤을 때 탄력을 테스트해보는 것이 가장 쉽게 진단할 수 있다.

이런 진단을 통해 내가 할 수 있는 메뉴를 늘릴 수 있고 고객은 할 수 있는 스타일이 늘어나게 되는 것이다. 그로 인해 긍정적으로 상담을 할 수 있는 부분들도 늘어나게 되는 것이다. 다른 곳에서 안 된다고 한 것을 된다고 말할 수 있는 것 또한 내가 할 수 있도록 노력을 한 결과이다.

고객이 나에게 원하는 건 예쁘게 해주는 것이다. 고객의 요구 조건을 잘 들어주는 디자이너는 팬이 많다. 요즘 고객들은 이미지를 핸드폰에 캡처해서 방문을 한다. "선생님, 저 이렇게 하고 싶어요.", "네, 제가 해드릴게요. 다만 이 사진의 모델의 모발과 고객님의 모발은 다르기 때문에 결과물이 조금 차이는 있을 수 있습니다."이렇게 말했을 때 고객은 실망하지 않고 약간의 다를 수 있다는 인식을 하게 된다.

미리 안 된다는 말로 차단하기보다 약간의 차이가 있다는 말의 의미는 받아들이는 입장에서 기분이 상반된다. 차이가 있을 수 있다는 말을 고객이 쉽게 받아들이는 것은 고객도 수많은 경험이 있기 때문이다. 그런데 어느 곳을 가면 안 된다는 말을 먼저 한다. 그러면 고객은 그 자리에서 그만 일어나고 싶어 한다. 돈을 내고 머리를 해야 하는데 내가 원하는 것을 해줄 수 없다고 말하는 사람에게 누가 돈을 주고 싶어 하겠는가. 그것이 고객이 가진 천성적인 것이라 해도 말은 다르게 할 수 있는 것이다. "네, 최선을 다해드리겠습니다. 다만 약간의 차이는 있을 수 있습니다." 라고 말하는 디자이너가 있다면 당신은 어떤 디자이너에게 시술을 받고 싶겠는가. 지금 당장 시술이 어렵다면 다음을 기약해주는 것도 긍정의 말이 될 수 있다.

　모발이 엄청 손상이 된 고객이 방문을 했다. 우리 매장의 앞에 미용실에서 머리를 하고 한 달 만에 머리를 하러 오신 첫 고객이다. 고객은 나에게 하소연을 하며 이 머리 어떻게 해줄 수 있냐고 물었다. 단발 커트의 고객은 손상된 머리는 싫은데 커트 머리는 더 싫다고 말했다. 그런데 파마를 하고 싶어 하는 것이었다. 절대 할 수 없는 머리임을 고객도 알고 있었다. 부스스한 곱슬에 손상도 매우 심한 머리여서 나는 잘라내고 싶은 마음이 굴뚝같았다. 그러나 고객이 원하는 머리가 아니기에 다른 시술을 제안을 하며 클리닉의 시술 플랜도 짜주었다. 여기에서 클리닉 플랜이 들어가면 그 플랜이 끝이 나면 반드시 파마가 이루어져야 하는 전

제가 있다. 부담스러운 일이지만 고객은 절대적으로 나의 말에 따르게 된다.

요즘엔 고객들도 자신만의 스타일을 고집하는 일들이 많아졌다. 그래서 요즘은 고객이 이미지를 가지고 방문을 하는 일들이 많아지면서 지금 막 시작하는 디자이너들은 고객에게 맞춰 디자인을 한다. 그래서 이제는 고객이 원하는 스타일을 구현해내야 한다.

유행하는 스타일이 너무나 많은데 다양한 얼굴에 어울리는 스타일을 유행에 맞춰 시술을 해줘야 한다. 하지만 스타일을 모르면 시술을 할 수 없기 때문에 고객과 아무리 상담을 해도 긍정적인 답을 줄 수가 없다. 고객이 만족을 할 수 있는 것은 자신이 연예인처럼 또는 어려보이며 예쁘게 보일 수 있는 포인트가 첫 번째이기 때문이다. 그것이 고객에게 잘 어울릴 것인지를 그려본다. 그리고 느낌을 설명하고 시술에 들어간다. 그리고 "고객님, 제가 예쁘게 해드릴게요." 이것이 나의 포인트이다.

'네, 고객님. 제가 해 드릴게요.'라고 말하는 걸 고객은 좋아한다. '이런 머리 나는 안 되나요?'라고 물어보면 당황할 때도 있다.

모발이 얇고 힘이 없는데 숱이 많은 연예인 중 김혜수의 앞으로 내린 앞머리의 덥수룩한 스타일을 원한 고객이 있었다. 나는 순간 겁이 났다.

이분은 현실적인 사람이 아니구나, 라고 생각했다. 본인의 머리를 보고도 그런 머리를 이야기한다는 것은 이상적인 생각이기 때문이다. 하지만 어쩌겠는가. 그래도 어쩌겠는가. 나는 전문가가 아닌가. 바로 고객이 만족할 수 있는 포인트를 찾기 시작했다. 그래서 비슷한 스타일을 하고 가장 중요한 앞머리의 덥수룩한 스타일을 만들어드렸다. 머리 손질을 잘하는 고객님은 조금 부담을 덜고 다른 사람보다 다른 모발과 차이는 있지만 "제가 고객님께 어울릴 수 있도록 예쁘게 해드릴게요."라고 말한다.

이렇게 긍정의 말로 표현한다면 자신이 생각한 스타일과 달라도 크게 실망하지 않는다. 오히려 안 되는 걸 자신의 모발 탓을 한다. 열심히 잘해주려는 사람에게 누가 뭐라 할 수 있을까. 하지만 고객님 모발은 이래서 안 돼요, 라고 말하면 시작부터 실망을 하게 된다. 그런데 우리는 돈을 벌기 위해서 시술을 할 때도 있다. 일단 해보려는 도전 정신과 함께 시술을 한다. 그러나 결과는 이미 나와 있다. 실망으로 시작된 시술이 만족할 리 없다. 가장 큰 실망은 나에게 돌아온다.

고객은 나에게 "이럴 줄 알았으면 안 했죠."라는 말과 함께 그 고객은 오늘이 마지막이 되고 비용도 받지 못할 수도 있다. 이것은 말의 한 끗 차이인 것이다. 고객이 많은 사람은 정말 다 잘해서 고객이 많은 것이 아니다. 무엇이든 고객이 원하면 긍정의 표현을 하며 고객에게 최선의 노력을 보여준다. 오늘날 고객은 이미 보는 눈이 전문가이고 자신의 머리에 대해 잘 알고 있다. 이미 수도 없는 미용실을 방문하며 자신의 머리에 대해 설명을 많이 들어 다시 한 번 이야기를 하면 나는 또 한 번 실망을 주는 것이다. 다 알고 있는 이야기를 하는 미용사에게 실망하는 건 당연한 일이다. 차라리 안 되는 스타일을 해주기보다 예쁘게 어울릴 수 있는 스타일로 90%의 만족을 이끌어내는 것이 더 고객은 나에게 만족할 것이다. 나에게 왔을 때 안 된다고 이야기를 늘어놓는 것보다 할 수 있는 시술을 먼저 더 예쁠 거라 이야기를 해주며 고객을 만족시키는 것에 중점을 두는 것이 고객을 만족시킬 수 있는 방법이다.

"정수리가 안 살아서 고민이에요." 윗부분에 파마를 강하게 하는 게 싫은데 다른 방법이 없을까요? 그런데 모발이 얇아서 강하게 살지 않을 거란 결과가 눈에 보였다. 그럴 때 대부분의 디자이너들은 안 되는 이유부터 이야기를 한다. 그러면 고객은 일단 안 된다고 말하는 곳에서 오래 머무르고 싶어 하지 않는다. 고객은 안 되는 걸 알고도 방문한 경우가 많다. 고객은 간절히 원하기 때문에 방법을 찾아줄 사람을 찾으러 온 것이다. 그러면 우리가 해야 할 대답은 해결해줄 수 있는 방법을 찾아주는 것이다. 모근까지 녹는 게 아니라면 어떤 시술이라도 할 수 있다는 마음가짐으로 다가가야 한다.

예를 들면 "네. 할 수 있습니다. 다만 이런 부분만 조금 손질이 필요한데 할 수 있으세요?"라고 말이다. 나는 이런 식의 대화로 고객을 그냥 돌려보낸 적이 없다.

고객에게 약간의 쉬운 손질 방법을 알려주고 여러 가지 방법을 연구한 끝에 시술을 시작한 방법으로 진행해드렸다. "부원장님, 나 진짜 이제 헤매고 다니지 않아도 될 거 같아요. 정말 감사해요."라고 말했다. 고객이 나갈 때 웃고 나가는 것보다 보람된 일은 없다. 그날 저녁은 밥도 잘 넘어가고 잠도 잘 오는 날이다. 하나씩 알아가는 일은 긍정의 변화를 부른다. 안 될 것이라는 것은 내가 가지고 있는 무기가 없기 때문이다.

가지고 있는 무기가 많을수록 사용할 수 있는 범위는 넓어진다. 고객의 머리는 다양한 시술로 인해 손상된 모발이 너무나 많다. 하지만 시술을 못 할 정도의 모발을 구분할 수 있다. 열 파마를 한다고 해서 열 파마 약제로만 사용하는 것은 아니다. 반대로 일반 파마라고 해서 일반 약제로만 파마를 해야 하는 것도 아니다. 약제의 치오 성분과 시스테아민의 성분의 특징을 구분을 해서 롯드로 테스트를 해보면 웨이브가 안 걸리는 약제는 없다. 얼마큼 손상이 되고 안 되는지 다양한 테스트를 해서 지금 당장 내가 가질 수 있는 무기를 장착하라.

5장

잘나가는
디자이너로 성공하는
7가지 방법

매장에서 제공되는 서비스 이외의 것을 서비스하라

머리를 하다 보면 서너 시간을 미용실에 꼼짝없이 있어야 하기 때문에 고객은 때를 놓쳐 버린 채 배고픔을 참고 머리를 할 때가 있다. 장시간 머리를 하다 보면 때를 놓치는 건 디자이너뿐만이 아니다. 배고픔에도 참고 머리를 했을 때 결과가 아주 만족스러우면 기쁜 마음으로 나가게 될 것이다. 하지만 예상되었던 머리거나 만족스러운 스타일이 완성되지 않았을 때는 엄청난 후폭풍이 온다.

처음 겪은 일이었는데 고객이 울던 일이 생각이 난다. 평소 친하던 고객인데 다른 곳에서 머리를 하고 나에게 온 상태였다. 대기가 밀려 있고 손이 부족해서 시간이 조금씩 밀리기 시작했다.

고객은 점점 말이 없어지고 무표정으로 앉아 있었다. 그런데 대기를 오래한 탓에 4시간이 지난 시간에 중화를 들어갈 수 있었다. 그렇게 마무리 샴푸를 하고 머리를 말리려고 했는데 파마 한 쪽이 풀어져서 나온 것이다. 고객은 그 자리에서 울음을 터트리고 말았다.

"선생님, 5시간을 배고픔을 참고 머리를 했는데 이게 뭐예요?"

울음을 터트린 고객은 "3시간 걸리던 시술이 이렇게 오래 걸릴 줄 몰랐어요. 이럴 줄 알았으면 밥이라도 먹고 올 걸 그랬어요."라고 말하며 나에게 모든 원망을 토하며 돌아갔다. 너무 죄송한 마음에 어떻게 해야 할지 모르겠고 스타일 완성이 마무리가 잘못된 것에 정신적으로 충격이 안 될 수 없었다.

너무 내 욕심만 부린 것 같아 밤에 잠이 오지 않았다. 다음 날 아침 고객에게 전화를 했고 파마를 다시 해드릴 시간을 예약해드렸다.

"고객님, 변명이지만 제대로 체크하지 못한 점 너무 죄송합니다. 제가 한가한 시간에 다시 시술을 해드리겠습니다. 정말 죄송합니다."

"네, 파마를 다시 해야 할 것 같아요. 선생님만 믿고 기다리면서 머리만 잘 되길 바랐는데 잘 안 나와서 실망했어요. 바빠서 그런 거라 이해는 했어요. 그런데 그날 아침부터 굶고 미용실에 방문한 거라서 더 힘들어서 표현이 과격했어요. 다시 예약하고 방문할게요. 전화 주셔서 감사합니다."

정말 감사하게도 고객은 이해를 해주셨지만 마음은 여전히 무거웠다. 그래서 머리하다가 배가 고픈 고객에게 간식으로 대접할 다과를 준비해두었다. 점심시간 전에 방문하는 고객들과 3시간 이상 시술을 하는 고객들에게 준비해드렸다. 작은 성의지만 그 후 고객들은 민감함이 거의 없어졌다. 나도 일을 하다 보면 때를 자주 놓치곤 한다.

그럴 때 초콜릿을 먹으면 좀 위안이 되는 것을 느꼈고 덜 지치는 걸 알았다. 그래서 고객들에게도 이런 서비스가 필요하다고 느꼈다. 내가 전에 근무하던 브랜드 숍 중에 점심에 시간을 정해놓고 토스트와 과일을 준비해서 고객들에게 나눠주었던 미용실이 있었다.

고객들은 너무나 좋아했지만 그런 서비스를 하려면 여러 명의 직원이 더 필요하기 때문에 작은 숍에서는 어려운 일이다. 그러나 손이 덜 가는 서비스는 개인적으로 해도 충분히 할 수 있는 일이다. 화장실도 갈 시간이 없어 방광염에 걸려 병원을 전전하는 실정을 모르지 않다. 그러나 시간을 얼마나 효율적으로 사용하느냐에 따라 충분히 할 수 있는 일이기 때문에 마음먹기 달렸다는 것이다. 나는 아침에 출근하면 밥을 제일 먼저 먹는 것이 1순위이다. 그리고 중간에 시간이 1분이라도 있으면 밥을 한 숟가락이라도 먹는 걸 직원들에게도 권한다. 그 이유는 예약 시스템으로 진행이 되지만 급하게 당일 예약과 예약 없이 방문하는 고객들도 있다. 예약 고객만 생각하고 예약이 끝나면 밥을 먹을 시간으로 생각하고 있다가 갑자기 찾아오는 고객이 반가워지지 않는 걸 경험한 적이 있다. 인센티브로 일을 하는 나에겐 예약을 하든 안 하든 내가 시술을 해야 한다. 평소에는 감사하던 고객이 나의 시간을 방해한다고 느끼는 순간 제대로 서비스가 안 되기 때문에 미리 준비를 하는 것이다.

고객에게 최상의 서비스는 나를 최상의 컨디션으로 만드는 것이다.

한 달 전 염색과 커트를 해드린 고객이 예약을 하고 방문했다. 스타일을 바꿔드리기 위해 조금 길러보라고 했었다. 평범한 아줌마 스타일을 바꿔드리고 싶었다. 그 동안 해오던 스타일을 바꾸는 것은 고객에게 어려운 일일 수도 있다. 하지만 해보지 않고서는 알 수 없는 일이기 때문에 최대한 손질을 덜할 수 있게 연출을 하는 것이 나의 숙제이기도 하다. 과감함이 없다면 나의 고객을 만들기도 어려운 일이기 때문에 시도해보아야 한다. 여러 스타일을 머릿속에 고객의 얼굴과 대입해보고 스타일을 추천한다. 준비 샴푸를 하는 동안 스타일을 고른 후 약의 선정도 미리해 놓는다.

다른 고객의 머리를 하는 동안 샴푸를 해드렸고 마침내 자리에 오셨다.

"딸은 머리가 예쁘다 하는데 엄마가 머리 자르라고 해서 왔어요. 안 하던 머리를 해서 왔어요."

"어! 딸이 예쁘다고 하면 예쁜 거예요."

"앞머리가 내려와 불편해요."

"그러면 제가 앞머리 안 내려오고 손질 편하게 파마를 해드릴게요. 오늘 시간되세요?"

"아니요. 오늘은 약속이 있어요."

"그러면 오늘은 제가 드라이를 예쁘게 해드릴 테니까 시간되실 때 예약 주시고 오세요."

이렇게 말한 뒤 돈을 받지 않고 가시라고 말했더니 물었다.

"어떻게 샴푸도 하고 드라이하고 그냥 가도 되요?"

"네, 오늘 좋은 시간 보내시고 며칠 후에 방문하세요. 파마 예쁘게 해드릴게요."

고객은 일주일 후 혼자가 아닌 딸을 데리고 와서 딸도 머리를 해달라고 하셨고 후 10명의 지인을 소개해주셨다. 그리고 오실 때마다 반찬을 가져다주신다. 나는 고객 입장에서 생각했던 것뿐인데 이런 큰 선물을 받았다.

나는 개인적으로 구매해서 쓰는 파마약이 있다. 매장에서 가격 대비 준비하는 약들은 모발의 특별한 상황을 관리해주지 못하는 경우가 있다. 그리고 모발의 손상을 걱정하며 꾸준한 관리를 하지만 정작 내가 사용하는 약제들로 인해 손상을 완화시킬 수 없는 시술을 해주어야 하는 상황에 나는 모발에 자극이 덜할 수 있는 약제를 고객에게 사용해드린다. 약의 효과는 모발의 상태를 알아야 한다. 발수성 모발, 건조한 모발, 수질이 얇은 모발 손상 정도를 진단할 줄 알아야 한다. 그래서 따로 구비한 약제들을 활용해 완성도를 높여야 한다. 그러면 서비스를 했을 때 고객은 더 감동을 한다. "고객님, 제가 따로 특별한 고객님께 해드리려고 준비한 약제가 있는데 고객님께도 해드릴게요." 라고 말하면 고객은 평소보다 감사함의 표현이 더 깊다.

다양한 고민을 가지고 있는 고객들의 만족을 위해 기구들도 많이 개발이 된다. 기구들은 개인 구매를 해야 하기 때문에 비용도 적진 않다. 하지만 그것 또한 특별한 서비스가 된다. 고객의 고민을 어떻게 해결해줄까 하는 고민을 많이 한다. 한 사람 한 사람을 떠올리며 고민해주기 위해 스타일 공부는 물론 고객의 결점을 보완할 시술을 연구한다.

뿌리 파마가 예전에는 아주 작은 롯드로 하는 방법으로 머리를 들춰보면 꼬불꼬불한 상태가 보여 드라이를 할 줄 모르는 고객들은 선호하지 않는다. 그래서 나온 것이 아이롱인데 이것 또한 장점도 있지만 얇은 모발은 그다지 효과가 없다. 드라이도 못 하고 모발도 얇은 고객의 뿌리 볼륨의 고민은 나에게 숙제였다. 그래서 나는 중간 크기의 롯드를 사용해 시술을 해보게 되었다. 결과는 만족이었다. 따로 드라이를 안 해도 자연스럽게 볼륨이 살아난 것이다. 고객을 위하는 마음이 만들어낸 결과이다. 그 후 나는 가장 큰 문제점을 해결하고, 진정 마니아가 생겼다.

'고객의 가장 고민이 되는 것이 무엇일까?'

뿌리 볼륨 기계를 구매해서 나만의 레시피로 고객의 고민을 해결할 수 있는 부분을 만족으로 이끌어낸다. 나만이 해줄 수 있는 서비스를 갖고 싶다면 모발 테스트를 많이 해보는 것이 도움이 된다. 긴 머리 고객이 주고 가시는 모발이 나에겐 큰 선물이 된다. 그것으로 많은 테스트를 할 수 있다. 파마, 염색, 클리닉도 테스트해볼 수 있다. 많은 테스트를 해보다 보면 실수도 많이 줄일 수 있고 남들이 하지 못하는 나만의 비법도 만들 수 있다. 스타일은 예쁜 것이 많지만 그 스타일을 어떤 모발도 드라마틱하게 만들어낼 수 있는 것이 가장 중요하다. 그런 서비스가 뒷받침이 되어줄 때 노하우가 쌓이는 것이다.

다음 시술 제안을 놓치지 마라

고객은 직장일로 바쁘고 일을 하지 않아도 바쁘다. 웃긴 말로 내 고객은 본인을 백조로 표현한다. 그런데 회사 다니는 사람보다 더 바쁘다고 했다. 사실 나도 하루를 쉬어도 이틀을 쉬어도 평소 일 때문에 하지 못한 일들로 바쁘게 보냈기 때문에 당장 해야 할 일을 체크하지 않으면 잊어버리고 지나칠 때가 있다. 그래서 우리가 말하는 커트의 한 달 주기를 고객은 잊어버린다. 머리가 자라는 걸 지나치는 건 우리에게 취약점이기 때문이다. 머리는 정해진 스타일의 1cm만 자라도 스타일이 달라진다. 그러면 예쁘게 다녔던 고객은 머리가 자라서 이상해진 줄도 모르고 어느 순간부터 자신의 모습에 지루함을 느끼고 손질이 안 된다는 걸 느끼고 나서야 방문을 해서 형태가 없어진 스타일을 복구시키기 위해 구구절절 머리 스타일 설명을 해야 한다.

내가 자른 머리를 시간이 지나도 길이를 조절하는 데 애를 먹는 경우도 있다. 고객에게 커트를 해야 할 시기에 메시지를 보내는 방법을 시도한 적이 있다.

'고객님, 커트하신 지 3주 되셨습니다. 지금의 머리를 예쁘게 유지하실 수 있는 방법은 4주 때 쯤 방문해주셔야 유지하실 수 있습니다. 방문 시 예약 주시고 방문 주세요. 감사합니다.'

그 문자를 받으신 대부분의 고객이 머리 자른 지 3주 됐다고 문자 와서 왔다고 하는 것이었다. 잊어버리고 그냥 넘어갈 수 있었는데 문자 줘서 감사하다고 하셨다.

머리를 자른 후 그 스타일에 맞는 시술을 다음 시술로 설명을 드리는 것을 반드시 해야 한다. 파마의 시기라든지 다음번 컬러 체인지라든지 다음 시술을 상상하게 해야 다음번 방문을 기대하신다. 어떤 재미를 부여해준다고 해야 할까. 자신의 변화를 상상하게 되면 약간의 스트레스를 푸는 데도 도움이 된다.

성향에 맞는 스타일을 이미지로 시각화해서 어떤 시술을 해야 이렇게 만들 수 있다고 설명을 해야 한다. 옷을 아무리 예쁘게 입어도 머리가 예쁘지 않으면 예뻐 보이지 않는다는 걸 고객들은 알고 있다. 그런데 자신이 그 디자이너로 인해 예뻐질 수 있는 기대심리가 없다면 그 디자이너를 다시 찾을 확률이 떨어진다.

짧은 머리만 하는 남자 고객들은 특히나 스타일을 변화하기보다 손질이 편한 스타일을 하고 싶은데 디자이너에게 상담을 하는 고객이 거의 없다. 그날 머리 자르고 드라이를 해주면 그날로 만족을 하고 만다. 왜냐면 드라이하기 편한 머리를 파마로 연출을 할 수 있다는 걸 모르기 때문이다. 디자이너도 고객에게 제안했을 때 고객이 좋아할 거라는 걸 알지 못한다.

사실 남자 고객에게 제안을 한다는 게 쉬운 일은 아니다. 여성 고객보다 더 자세히 설명해야 하기 때문에 부담감이 더 있는 건 사실이지만 막상 하고 나면 여성 고객들보다 더 자주 파마를 하게 되고 염색을 제안하기도 쉽다.

주니어 커트를 하러 방문했는데 엄마가 동반했다. 마스크를 써서 얼굴은 잘 보이지 않았지만 언뜻 봐도 머리가 예뻐 보이지 않았다.

그래서 나는 자리에 앉히고 싶었다.

"고객님, 여기에 잠시만 앉아 보시겠어요? 제가 머리 한번 봐 드릴게요."

마스크를 잠시 내려보라고 말씀드렸다.

고객님은 흔쾌히 마스크를 내렸고 나는 머리와 얼굴을 구체적으로 조화를 시켜보았다. 고객님의 머리가 더 예뻐질 수 있는 스타일에 대해 차근차근 설명해주었다. 고객님의 머리가 어울리지 않는 건 아니지만 요즘 유행하는 스타일에서 벗어나 조금은 올드해 보일 수 있다고 설명하였다.

"조금만 수정을 한다면 예뻐질 수 있는데 다음 번에 예약하고 방문 주시겠어요?"

그리고 간단한 드라이로 확신을 불어넣어주었다. 고객은 정말 일주일 후 예약을 하고 오셨다. 저번에 예쁘게 해주신다는 말이 머릿속에서 계속 맴돌아 찾아왔다고 했다. 나는 저번에 설명 드린 대로 시술을 해드렸고 매우 만족스럽게 나가셨다.

그리고 또 한 달 후 커트를 하러 오시라고 말했다. 그렇게 그 고객은 나를 신뢰하게 되었다. 모든 고객들은 본인의 모발 상태를 모르고 화학 시술을 해달라고 한다. 파마 또는 염색을 말한다. 그렇지만 정말 많은 경험을 해보지 않고는 섣불리 파마를 하지 못한다. 모발이 손상되어서 끊어지는 상황이 되기라도 하면 답이 없기 때문이다.

그런데 나 또한 무리한 화학 시술은 하지 않는다. 손상된 모발을 더 손상시키게 되면 그 고객은 1년을 머리 못 할 수도 있기 때문이다. 보통은 아무것도 안 하면 손상이 안 된다고 하지만 우리가 손으로 만지는 것부터 모발은 손상이 되고 샴푸 트리트먼트 드라이 심지어 스타일링 제품을 사용해도 모발은 손상이 될 수 있다.

고객들은 당연히 모르는 사실이기에 설명을 해주어야한다. 홈케어로 안 된다면 매장 방문해서 살롱케어를 추천해서 커리큘럼을 만들어 방문할 수 있게 해야 한다.

파마를 하러 오신 고객님이 계셨다. 모발은 빗질이 되지도 않는 모발을 지니셨는데 탱글탱글한 세팅 파마를 원하셨다. 결과가 눈에 보이는 시술을 할 순 없었다. "지금 당장의 기분 전환을 위해 해 드릴 순 없어요. 클리닉을 6번만 받으시면 파마 예쁘게 해드릴게요."라고 말했다. "대신 조건이 있어요. 제가 오시라는 날짜에 오셔야 해요."라고 말하며 확답을 받았다. 정말로 고객은 나의 말대로 열심히 오셨다. 그리고 대망의 파마를 해야 하는 날이 왔다.

파마가 만족스럽게 나온 것을 보고 고객은 감동을 했다. "사실 어디가도 케어를 받으라는 말 많이 들었어요. 그런데 신뢰가 가지 않아 하지 않았는데 클리닉의 정확한 횟수와 펌을 예쁘게 해드린다는 말에 신뢰가 갔어요. 정말 감사합니다."라고 하는 것이었다. 이런 것이 내 일의 성취감

아닌가 하는 생각이 들게 한 일이었다.

고객은 100% 만족을 원하기보다 자신의 모발에 대해 자세히 상담해주고 대책 방안을 고민해주길 원한다. 결과가 그리 완벽하지 않아도 다른 곳에서 안 된다고 했던 시술을 어느 정도 만족하게 받으면 고객은 나를 더욱 신뢰한다.

결국엔 한 번의 시술로 자신의 모발 상태를 안 고객은 손질을 해보고 다음번의 더 예쁘게 할 수 있는 스타일을 추천을 원한다. 그러면 그때부터는 손상된 머리를 잘라내는 범위에서 스타일을 제안하고 관리를 해주며 다시 건강한 상태의 머릿결로 길러주게 되는 기회를 얻을 수 있다. 그리고 클리닉을 해야 모발 관리가 잘될 수 있다는 것도 고객이 느낄 수 있다.

클리닉은 눈으로 확인이 안 되는 시술이기 때문에 결과를 보여주기란 쉽지 않다. 집에서 컨디셔너만 해도 모발은 부드러워지고 윤기도 나기 때문에 겉보기에 살롱케어와 다르다 느끼는 고객이 아직도 많지 않다. 주기적으로 해야 모발 관리가 된다는 인식조차 필요성을 못 느끼기 때문에 클리닉의 성분 또한 공부를 해두어야 고객에게 제안을 잘할 수 있다.

고객은 자신이 다음에 어떤 시술을 해야 할지 모르는 경우가 많다. 항상 예쁘게 하고 싶은데 염색의 주기나 파마의 주기를 잘 모르는 고객들이 많다. 그래서 고객들은 이런 질문들을 많이 한다. "선생님, 파마는 얼마 후에 다시 해야 하나요?"라고 물어본다.

솔직히 말하면 돈을 벌기 위해서는 자주 하는 걸 추천하고 싶지만 모발이 견디지 못하기 때문인 것도 있지만 파마를 하고 난 후에 커트를 조금씩 해주는 것만으로도 파마를 한 직후보다 더 예뻐질 수 있기 때문에 정확한 대답을 하지는 않는다. 웨이브가 많이 잘려나가 얼굴 부분에 볼륨이 사라졌을 때 추천한다.

"정확한 답은 없습니다. 다만 고객님이 손질이 어려워지면 다시 파마를 해야 하는 시기라고 생각하시면 되세요."

이렇게 말을 하면 고객은 손질하는 것에 집중을 하게 되고 자연스럽게 3달에 한 번씩 방문을 하게 된다. 나도 어느 순간 알게 된 사실이지만 그렇게 말을 했을 때 고객이 내가 시술 제안을 했을 때 가장 거부 반응이 없었다. 간혹 시간이 없어서 미루게 되더라도 한 달 정도가 미뤄질 뿐 주기를 놓치려 하지 않는다. 고객은 디자이너가 트레이닝 해야 한다.

소개한 고객에게 과한 선물을 하라

주변에 나를 소개해주고 싶은 고객들이 있을 것이다. 하지만 본인 머리는 맘에 들지만 까다롭다 생각하는 지인 소개를 망설이는 고객들이 많다. 잘못 소개를 하면 서로 귀찮은 일이 생기기 때문이다.

자신이 맘에 든다고 해서 지인도 마음에 들까, 라는 걱정을 하기 때문에 처음부터 불편한 일을 만들지 않는 것이다.

소개를 해도 딱히 본인의 이익이 없다면 더욱이 소개에 적극적이지 않다. 그러면 나라도 적극적인 마케팅의 소재를 가지고 있어야 한다. 요즘은 신규가 많이 없고 SNS로 마케팅을 하지만 그 역시도 장기적인 단골로 유지하기가 어렵기 때문에 고객의 지인을 소개받는 것이 더 빠를 수 있고 일단 지인의 확실한 평가가 있기 때문에 소개받았을 때 쉽게 잊어버리지 않는다.

그래서 사전에 소개받을 지인이 어떤 스타일인지 구체적인 걸 물어보고 메모를 해두는 편이 좋다. 그리고 이미지를 떠올릴 수 있도록 사진을 보여준다. 그러면 그 고객은 지인에게 말을 전달하기가 편하기 때문에 망설일 시간을 단축시키는 것이다.

실제로 나는 그런 방법을 많이 사용한다. 그리고 소개받기 전 미리 선물을 준비해두었다. 미리 선물을 드리고 소개해달라고 말한다. 그러면 고객은 소개할 만한 친구를 찾기 시작한다. 그리고 나에게 설명을 한다.

"내 친구가 있는데 그 친구는 머리 스타일이 항상 이상해. 아줌마처럼 머리를 하고 다녀서 스타일 좀 바꼈으면 좋겠는데 갈 만한 미용실이 없대."

누구나 먼저 받은 선물이나 배려를 잊지 않는다.

가만히 앉아 머리만 하고 있는데 소개 고객을 데리고 오는 이 고객은 엄청난 나의 '찐팬'이다. 길거리 한 모퉁이만 걸어도 수십 개의 미용실이 있는데 그곳을 다 관통하고 나에게 데리고 온 것이다. 나는 아직도 그분을 잊지 못한다.

지방에서 살고 있는 언니를 데리고 왔다. 머리가 너무 이상해서 오자마자 끌고 왔다 하시며 변신을 시켜 달라 호소하셨다. 하지만 집에서 염색을 너무 하신 나머지 머리가 파마가 제대로 나올까 하는 걱정이 앞섰고 일반 약으로는 도저히 할 수 없는 상태였다. 그래서 나는 내가 사비로 구매해두었던 복구 파마약과 클리닉제를 써서 파마를 해드려 스타일을 완성해드렸다. 그리고 일반 파마 비용을 받고 보내드렸다.

고객에게 문자가 왔다. 머리가 많이 상해 있는데 머리 값이 싸게 나와서 잘못 계산한 거 아니냐고 물어보셨다. 평소 나는 클리닉을 필수로 하는 스타일인데 그날은 아무 말도 하지 않고 선물로 해드린 것이다. 그 고객은 7년이 지난 지금도 나의 골수팬이다. 내가 뭘 하라고 하든 신뢰하신다. 모발이 손상된 고객들이 너무나 많다. 1회 비용이 보통 파마 비용과 비슷하다 보니 부담스러운 메뉴로 생각한다. 안 할 순 없고 망설이는 고객을 보면 서비스로 해주고 싶은 마음이 든다.

시술은 어렵지 않지만 가격이 비싸기 때문에 디자이너들도 선뜻 서비스로 해드리기 어렵다. 하지만 단골로 다니는 이유로 명목을 만들어주는 경우도 있다. 특별한 선물이랄까.

내가 아는 보배 부원장님은 7년 정도의 '고정 고객 300명의 하이클라스' 디자이너다. 연속 고속 승진을 목표로 매년 달성을 해왔다. 그 부원장님은 잠재 고객은 알 수 없다고 표현했다. 한번은 중학생 앞머리 커트를 무료로 잘라주었는데 엄마 포함해서 20명 넘게 소개를 해주었다고 한다.

어떤 대가를 바라고 한 일은 아니다. 단지 내 고객과 같이 온 고객에게도 웃고 나갈 수 있게 하고 싶었던 것뿐이었다고 한다. 그런데 상상하지 못한 선물을 몇십 배로 보답을 주었다고 했다. 그리고 매장에서 진행하는 이벤트가 없을 때 특별히 챙겨주고 싶은 고객들에게 선물을 해주고 싶을 땐 정성을 담은 선물을 준비해서 드린다고 한다.

손수 이니셜을 새겨서 파우치에 편지와 여행용 샴푸와 트리트먼트를 드렸다고 한다. 선물이라 하면 준비 전부터 부담스럽게 생각할지 모르지만 돈이 아닌 작은 시술로 선물을 주면 감동을 받아 또 방문하게 된다는 것이다.

고객은 큰 걸 바라지 않는다는 것이다. 모든 감동은 소소한 진심이다. 내가 주고 싶은 것을 주는 것이 아니라 고객을 위하는 마음으로 주었을 때 더 감동을 받는 것이다.

'소개는 고객님의 사랑이다'로 정의한다. 보통은 나만 예뻐지고 싶은 게 여자들의 심리이다. 그리고 바빠지면 복잡해져서 본인이 하는 데 오래 걸려서 힘들어질까 봐 소개를 잘 하지 않으려 한다.

나에게 몇 명의 고객이 소개를 해주는지 가만히 생각해보면 소개는 굉장히 큰 선물이다. 한 사람을 소개받으면 그 사람이 또 소개를 하고 그렇게 나를 알려주는 고객으로 나는 매달 월급이 달라진다. 마케팅을 해도 한두 명의 고객을 만나기 어려운 지금의 소개 고객은 엄청난 선물이다. 나에게 3명 정도의 고객을 소개해준 고객이 있었다. 어느 날 반갑게 인사하며 들어왔다. 내일 여행을 가는데 사진을 찍을 것 같아서 뿌리 염색을 하러 왔다고 했다. 나는 최고로 열심히 발라드리고 돈을 받지 않았다. 여행 선물이라고 말한 뒤 새침하게 인사를 했다. 여행 전 기분 좋게 다녀오라는 의미였다.

그분은 여행 다녀오면서 나에게 향수를 선물해주었다. 서로에게 필요하고 감동이 오가는 관계로 이어지는 순간이었다. 소개한 고객에게는 반드시 큰 보상을 해주어야 한다고 생각한다. 내가 그곳에 계속 머무를 수 있게 해주시는 고객이고 월급에 보너스를 주시는 고객이기 때문이다.

매번 커트만 하는 고객이 있었다. 파마는 자신의 스타일을 잘 알아서 해주는 곳에서 하고 오셔서 남성 고객의 비중으로 간주하는 고객이다. 하지만 커트는 기술의 가장 비중을 많이 두는 부분이라 정성껏 잘라주었다. 그러나 내심 고객은 미안한 마음이 있었는지 어느 날 고객을 한 분 모시고 오셨다.

"내 친구인데 이 친구는 나랑 다르게 머리를 자주 하는 친구라 도움이 될 거예요. 나는 맨날 커트만 해서 미안해서 데리고 왔어요."

나는 머리를 하고 50%의 할인을 해주었다. 고객은 머리도 마음에 드는데 할인까지 받아서 기분이 좋다 하셨고 소개해준 친구에게 밥이라도 사야겠다 하셨다.

잠시 나는 고객이 그런 마음을 가지고 있는 줄 몰랐다. 그 소개 고객은 멤버십을 가입하고 자주 방문을 해주는 고객이 되었고 그분 또한 지인을 소개해주었다.

자신이 좋은 경험을 했다면 자신이 좋아하는 지인들에게 소개를 많이 하게 된다. 좋은 것은 함께 나누고 공유하고 싶어서이다. 나도 마사지 숍을 간 적이 있다.

다른 곳이랑 다르게 얼굴 마사지 받으러 갔는데 어깨 뭉친 근육까지 풀어주는 서비스를 받았다. 너무 좋은 나머지 고객님들에게 소개를 해주었다. 받아보신 고객들은 너무나 만족을 하셨다. 다음번에 내가 갔을 때 얼굴 마사지값으로 전신 마사지 서비스를 해주는 것이다.

감동보다는 미안한 마음이 들었다. 단지 내가 좋아서 소개를 한 것뿐인데 서비스를 받게 될 줄 몰랐기 때문이다. 그러나 기분은 매우 좋았던 기억이 있다. 그 후 나는 전신 마사지 회원제를 이용을 했고 지속적으로 고객을 소개해주었다.

그리고 나도 피부숍 원장님에게 자신의 고객들을 소개받았다. 물론 서로 다 좋은 평을 받은 건 아니지만 그건 서로 취향이기 때문에 어쩔 수 없는 부분을 제외하고는 대부분 고객들은 만족을 하게 되었다.

서로 상생해야 하는 관계로 내 주변의 장사하는 사장님들도 업종이 다르기 때문에 자신이 머리를 하러 오지 않아도 내가 먼저 나 스스로를 알리고 음식이나 물건을 구입하면 팔아주는 마음이 고마워서라도 나를 소개하게 된다.

소개를 바라고 있는 것보다 내가 먼저 소개를 해주는 것에서부터 시작을 했을 때 나에게 더 큰 선물이 되어 돌아온다.

모든 고객에게는 잠재되어 있는 고객이 있다. 내가 어떻게 하느냐에 따라 잠재되어 있는 고객을 만날 수 있는 기회를 주는 것이다. 자신에게

이익이 되지 않는 일을 왜 발 벗고 나서서 해주려 하겠는가. 열을 가지기

위해서 한 가지를 아끼지 말아야 한다.

하이 톤 목소리를 장착하라

고객 응대는 전화에서도 고객이 방문을 하게 유도할 수 있는 목소리가 있다. 목소리는 그 매장의 분위기를 예측할 수 있도록 한다. 고객은 예약이든 문의 사항이 있을 때 전화를 이용해 문의하게 된다. 전화는 표정을 읽을 수가 없기 때문에 더욱이 내가 미소를 짓고 있다고 예측할 수 있도록 해야 한다.

클레임 고객이 전화를 했을 때는 무조건 웃는 것이 아니라 그럴 때는 공감의 표정을 해야 한다. 하지만 적절한 하이 톤은 유지를 하며 응대를 해야 한다.

"감사합니다. 무엇을 도와드릴까요?

"예약 좀 하려고요."

"네, 고객님. 어느 선생님께 예약 도와드릴까요?"

"네, 보배 선생님께 예약할게요."

"네, 고객님. 보배 선생님께 언제 몇 시에 예약해드릴까요?"

"네, 12일 2시에 파마 예약할게요."

"네, 고객님. 12일 2시에 보배 선생님께 파마 예약해드렸습니다. 감사합니다. 예약하신 날 뵙겠습니다."

고객은 나와 같은 하이 톤의 말투로 대답을 해주셨고 나 또한 전화를 하며 고객의 목소리 톤에 기분이 좋았다. 고객은 처음에 낮은 목소리로 대답을 해지만 나의 목소리를 따라 점점 나의 목소리를 구현하듯 같은 목소리를 내고 있는 것이었다.

간혹 불만을 이야기하기 위해 전화를 하기도 한다. 첫 멘트가 경쾌하면 고객은 불만을 조심스럽게 말하게 되고 감정이 앞서기보다 논리 정연

하게 설명을 하듯 말을 꺼내게 된다. 웃는 얼굴에 침 뱉는 사람은 없다. 경쾌한 목소리엔 어떤 말도 캐치볼처럼 받아쳐줄 준비가 되어 있다는 뜻이다.

고객은 방문했을 때 환대 받는 걸 좋아한다. 즐거운 기분의 목소리로 환영의 인사로 맞이하는 것만큼 고객을 행복하게 만드는 것도 없다. 첫 발을 내디뎠을 때 하이 톤의 목소리로 '환영합니다'를 외치고 경쾌한 말투로 안내를 했을 때 고객은 환하게 웃으며 들어오게 되고 자리 안내를 받을 때도 나의 말투처럼 발걸음이 경쾌하다. 예전에 나는 저음의 목소리로 고객과 이야기를 나눈 적이 있다. 다른 사람에게 피해가 가지는 않을까 하는 걱정을 하였기 때문이다. 그러나 내가 목소리가 작아지니 고객은 죄를 지은 사람도 아닌데 눈치를 보고 나와 같은 말투로 이야기를 하다 보니 굉장히 조심스러워 하는 걸 느꼈다.

"선생님, 매장에 무슨 일 있어요? 분위기가 어둡네요."
"말소리가 커지면 다른 고객들이 불편해하셔서요."

사실 나는 대화 내용이 옆 사람에게 들리지 않을 정도로 작은 목소리로 말을 해서 고객이 못 알아들을 때도 많았다. 단지 다른 사람에게 피해가 될까 봐 그런 것이 고객이 행복한 기분을 다운시키는 격이 돼버렸던 것이다. 그래서 아주 작은 목소리보다 평소 이야기하는 목소리로 대화를 한다.

매장의 분위기는 시끌벅적해도 밝은 인상을 주는 건 고객에게도 영향을 미친다.

예전에 매장에서 홍보하기 위해 창문을 열고 음악을 크게 틀어놓고 직원들이 춤을 춘 적이 있다. 처음 경험해보는 직원들은 어색하기만 한 춤을 강제적으로 추기 시작했다. 하지만 건너편에 있는 음식점에서 음식을 드시는 분들에게 전화가 왔다.

"오늘은 춤 안 추나요? 춤 한번 취주세요."

홍보용이었기 때문에 그 부탁이 감사한 일이었다. 그때 나는 서른이 넘는 나이로 그 귀엽고 앙증맞은 엉덩이 토닥거리는 춤이 굉장히 어색하고 힘들었다. 안무도 잘 외워지지 않아 계속 틀리는 실수에 구석에 숨어 나오지 않은 적도 있었다. 그러나 그 춤의 시너지는 엄청났다. 소문은 일파만파 퍼지면서 고객들은 물밀 듯이 몰려들어왔고 오시는 고객들마다 그 춤을 직접 보길 원했다. 춤만 추는 것이 아니라 열정의 기합도 함께 지르니 지나가는 사람들의 시선마저 사로잡았다. 그래서 매장은 다른 매장에 비해 경쾌한 에너지를 가지고 있다 하여 인기가 많았다. 수준을 강조하는 다른 브랜드숍은 정중함과 모던함을 강조하며 조용하고 고급스러운 분위기를 조성한다.

물론 그것이 잘못됐다는 것은 아니다. 그런 부위기를 좋아하는 고객들은 분명히 있다. 하지만 나의 경우 환하게 웃어주며 반기는 곳을 더 좋아한다. 고객으로서 정중한 대우를 받아 좋은 곳은 나와 즐겁게 대화할 사람이 있을 때는 조용한 곳을 찾지만 지루하게 앉아 있어야 하는 곳을 가야할 때는 내가 즐거울 수 있는 곳을 찾는다.

경쾌한 목소리로 말할 때 가장 좋은 타이밍은 고객이 결제를 하고 나가는 순간이다. 멀리 있어도 고객이 나갈 때는 큰소리로 인사를 하는 것이 좋다. 가까이 가서 인사를 못 하는 경우도 많기 때문에 고객은 조용히 문을 나서야 하는 상황들이 있다.

그럴 때 가장 죄송함을 느낀다. 방문했을 때 환대하는 것보다 나갈 때 인사를 하지 않으면 고객은 초라해진다.

나의 경우도 어디를 갔을 때 돈을 내기 전의 인사보다 나갈 때 인사를 받는 것이 더 대접을 받은 느낌이 들어 기분이 더 좋았던 경험이 많다. 나갈 때 쳐다보지도 않으면 왠지 서운한 느낌이 들었던 적이 있다.

그래서 돌아가실 때 감사 인사는 어느 때보다 크게 한다. 시술이 끝나고 계산을 할 때에도 시간이 되는 직원들은 나의 고객이 아니더라도 배웅 인사를 해야 한다. 매장에 오시는 고객은 어느 특정 디자이너 고객이 아니라 언제든지 나의 고객이 될 수 있다. 그리고 내가 직원으로 근무를 하고 있다면 직원으로서도 인사를 하는 건 당연한 일이다. 밝고 친절한 이미지를 주어야만 고객은 그 매장에 다시 방문하고 싶어 한다.

인사는 한결같은 멘트적인 인사보다는 때에 따라 다르게 인사 멘트를 구사해야 한다. 아침에 오신 고객에게 "좋은 밤 되세요."라고 말하지 않는 것처럼 "좋은 하루 되세요." 또는 "점심 식사 맛있게 하세요."라는 인사를 시기에 따라 달리 해야 한다.

날씨나 연휴 연말 등등의 걸맞는 인사를 한다.

"감사합니다. 새해 복 많이 받으세요."
"감사합니다. 행복한 주말 보내세요."
"감사합니다. 즐거운 저녁 식사 하세요."

여러 가지 인사말이 있다. 뭔가 다른 멘트로 고객에게 하이 톤으로 인사를 했을 때 고객은 여기서 나가는 순간만큼은 행복감과 친절함을 느낀다. 이런 인사 멘트를 할 때에도 낮은 목소리보다는 부드러운 〈솔〉 톤의 목소리로 말하는 것이 좋다. 목소리 톤에 따라 받아들이는 입장에서는 기분이 더 좋아지기 때문이다. 이런 멘트로 고객을 응대했을 때 고객 후기에 빠지지 않는 답변이 '친절하다.'라는 말이다.

작업을 하면서도 물론 고객에게 친절하게 하기 위해 다양한 서비스를 하지만 나의 변함없는 친절의 포인트는 하이 톤의 입점 인사와 퇴점 인사이다. 우리 직원들은 항상 그것을 철칙으로 생각한다. 고객이 들어올 때보다 나갈 때 더 감사함을 느껴야 하기 때문이다. 이런 연습은 스태프 때부터 연습을 해야 한다.

성격의 차이는 있지만 서비스업에 종사하는 사람은 어떤 상황에도 마인드 컨트롤이 필요하다. 가끔 데스크에서 전화를 받을 때면 나의 고객의 예약 전화를 받을 때가 있다. 어떤 고객인지 알고 있음에도 매니저인 것처럼 응대를 한다. 그리고 방문을 하시면 '전화 받은 사람이 저입니다.'라고 말했을 때 전화 목소리가 어리던데 하고 말을 하신다. 어린 목소리의 톤을 생각해보면 어떤 말투인지 감이 올 것이다. 평소 나는 애교가 없지만 전화를 받을 때나 고객에게 말을 할 때는 내가 아닌 사람이 된다. 다른 사람들이 봤을 때 과하다고 느낄 수 있지만 옆에서 보는 직원들도 곧 나의 말투를 따라 하게 된다.

여우같은 사람을 싫어하는 사람들이 있지만 정작 자신에게 여우처럼 애교 섞인 말로 인사하는 사람을 미워하는 사람은 없다. 내가 기분이 좋아지고 고객을 행복하게 만들고 싶다면 부드러운 '솔'의 목소리를 만들어 보아라.

진심으로 감사하라

호텔에 가면 들어서기 전부터 밖에 줄지어 인사를 하며 반겨준다. 왠지 내가 여왕이 된 것 같은 생각이 들 정도로 깍듯하게 인사를 받으며 호텔로 입장하게 된다. 그렇게 정중한 인사를 받고 들어서면 데스크에서 또 한 번 안녕하십니까. 체크인 도와 드리겠습니다. 짧은 응대의 멘트지만 굉장히 격식이 있는 언어로 응대를 한다. 고객들은 자신이 지불하는 만큼의 대가를 받기를 원한다. 어쩌면 내가 그 호텔에서 제시하는 금액을 지불하고 입실하는 것이기에 그런 인사 값도 포함이 돼 있는지도 모른다.

액수보단 가치라고 생각한다. 고객의 가치를 높여주고 서비스의 수준을 높여 고객이 불편함이나 평소 받아보지 못한 서비스를 해주는 것이다.

나를 찾아주신 감사한 마음, 내 기술의 가치를 돈을 주고 사주신 감사의 마음을 안다면 다음 달까지 잘 지내다 오시라는 뜻의 인사는 진심을 담아 해야 한다고 생각한다. 바쁘게 일하다 보면 인사조차 하지 못할 때도 있다. 그래서 우리는 스태프들에게도 인사하는 예절도 가르친다. 문밖에까지 나가서 인사를 하고 엘리베이터가 있다면 엘리베이터에 탑승하는 것까지 도와 인사를 하도록 교육을 시킨다.

늘 한자리에서 고객을 맞이하고 퇴근시간에 퇴근을 하는 디자이너들 속에서도 진심을 담아 시술을 한 사람들은 삼 개월 후에 결과가 나타난다. 평범해 보이는 그들 속에서는 나름의 자신을 어필하는 방법부터 다르고 결과도 다르다.

SNS 스타 디자이너인 수 부원장님의 라이브 방송을 듣게 되었다. 평소 얼굴과 스타일 연출하는 모습과 외부 강의를 하는 그 디자이너는 스타성을 가지고 있는 디자이너라 생각할 만큼 멋있는 디자이너였다. 라이브 방송은 처음 들어가게 되어 설레는 마음이 있었다. 미용을 배우고 있는 친구들부터 디자이너로 활동하고 있는 사람들이 그 디자이너에게 미용을 어떻게 하면 당신처럼 잘할 수 있는지 그리고 슬럼프 상담, 여러 가지 궁금한 질문을 하고 있었다. 처음 들어간 나도 궁금한 것이 있었다.

"고객에게 진심으로 감사한 일이 있나요?"
"아! 그럼요 항상 감사하고 당연히 감사하죠. 지금의 제가 있게 해주었으니까요."

그 말에는 진심이 담겨 있어 더욱 멋있는 사람이라 생각했다. 다시 나는 또 하나의 질문을 했다.

"혹시 나이가 어떻게 되나요?"
"네, 저는 31살입니다 디자이너 된 지는 4년 되었습니다."

그 말에 정말 놀라지 않을 수 없었다. 하나 더 알게 된 것은 코로나로 인해 다른 사람들은 힘들어 하는 시국에 그 디자이너는 한 달 동안 3천

중반의 매출을 했다고 했다. 열정이 정말 대단했고, 또 하나 예약이 없는 시간에는 무조건 거리로 나가 할머니, 할아버지들의 머리를 거리에서 잘라준다고 했다. 나는 그 사실을 SNS에서 본 적이 있었다. 그 사진을 보며 휴무날에 봉사를 하러 나간 거라고 생각을 했는데 사실은 일하는 중간에 나와서 남는 시간을 그렇게 보내고 있었다.

홍보성이라고 해도 상관없지만 할머니 할아버지들을 대상으로 했다는 것이 절대적인 홍보를 위한 일은 아니라는 것을 알 수 있었다. 일을 할 때 가장 행복하다고 하는 그 디자이너는 목소리에서도 강한 에너지를 느낄 수 있었다.

찾아오는 고객도 귀찮아 하는 디자이너들을 너무나 많이 보아왔다. 그런 사람들과는 전혀 다른 세상에서 자신만의 미용 세계를 만들어가고 있었다. 간절한 만큼 자신을 움직이게 만드는 것도 없다. 똑같은 시간에 한 곳에 몰입해 자신이 꿈꾸는 세계를 만들어가려고 노력하는 사람만이 살아남는 것이다. 자신이 무엇을 위해 미용이라는 직업을 선택했는지조차 정의를 내리지 못한 디자이너들도 있다. 돈을 벌기 위해 미용을 하면서 정말 소중한 것이 무엇인지 깨닫는 순간이 사람마다 속도나 시기가 다른 것도 있지만 정확한 목적을 찾지 못하는 것도 시간을 낭비하고 있는 것이다. 그 목적을 정확히 찾아야지만 성공의 속도도 빨라진다.

지금 미용실의 체제는 멤버십을 운영하는 곳이 많아졌다. 정해진 금액을 적립하고 방문할 때마다 10~30%까지 할인 혜택을 받으면서 차감을 하는 적립식 시스템이다. 이것이 장점으로 보면 큰 매출을 올릴 수 있어서 당시에는 좋지만 그렇게 돈을 맡겨놓은 고객은 한편 불안해한다. 다음번에 불친절하면 어쩌지 하는 불안감을 가질 수 있는 단점도 있다. 간혹 디자이너들도 월급 체제가 어떤지에 따라 고객에게 소홀할 때도 있다. 멤버십은 고객이 나를 믿고 나를 계속 찾아 방문하겠다는 의미이다. 그런 의미를 잘못 이해했을 때 디자이너들은 고객을 단순히 돈으로만 생각하는 일도 있다.

어느 때는 돈을 내서 대우가 좋고 어떤 때는 차감을 해서 신경을 더 쓰지 않는다는 고객의 입장이 있었다. 마사지를 좋아하는 고객이 있는데 10번의 쿠폰을 끊었는데 어느 순간 불쾌함을 느꼈다고 한다. 꼼꼼히 해주던 마사지가 점점 지압도 약해지고 반겨주는 인사와 나갈 때 인사가 돈을 낼 때와 확연히 차이가 난다고 해서 불쾌했다고 한다. 그래서 그때 그때 돈을 지불하고 서비스를 받는 것이 좋다고 했다. 그래서 미용실에서도 절대 멤버십을 구매하지 않는다고 말한 고객이 있었다. 고객을 맞이하기 전에 항상 긍정적인 생각을 해야 한다. 이 고객이 왜 어떻게 나에게 오게 되었고 나라는 디자이너를 왜 찾아왔는지 알아야 한다.

예전에 응급실에서 근무하던 고객이 있었다. 응급실은 말 그대로 응급 환자들이 들어오는 곳이다. 사고가 나거나 보호자가 없이 들어오는 환자들이 대부분이라서 보호자가 오기 전까지는 간호사들이 뒤처리까지 해야 한다고 했다. 움직일 수 없는 환자가 변을 침상에 누워 일을 칠 때도 간호사가 해야 하는 일 중에 하나여서 별로 대수롭지 않다고 했다. 그런 와중에 간호사들끼리 대화는 "언니, 이거 치우고 밥 먹으러 가자."라고 할 만큼 자연스럽다고 한다.

이런 일들을 비유했을 때 미용실에서도 고객은 한껏 기대를 하고 왔는데 직원들은 일이기 때문에 감사함을 느끼지 않는 것이다. 평소 늘 하던 일이라 생각하고 고객을 대하기 때문에 고객에게 감사함을 느끼지 못한다.

작은 씨를 뿌려 큰 열매로 만들어보려는 생각이 머릿속에 있어야 한다. 작은 씨가 계속 씨로만 존재하지 않는 것처럼 뿌리가 생기고 줄기가 나고 잎사귀가 되고 열매가 되는 과정을 생각해보아라. 이 씨앗이 잘 자랄 수 있도록 물을 주고 영양도 주고 햇빛도 보게 해주며 돌보아주면 반드시 나에게 열매를 가져다준다. 그것이 관심이고 사랑인 것이다. 자기를 잘 보살펴주는 주인에게서 더 잘 자란다.

동생에게 작은 레몬 나무를 선물 받은 적이 있다. 햇빛 가까이에 놓으면 더 잘 자랄까 해서 볕이 잘 드는 곳에 놓았는데 잎이 오그라들고 잎사귀에 구멍도 나 있었다. 식물을 잘 알지 못하지만 그런 반응을 보이는 것을 보고 자리를 옮겨주었다. 정성스레 물도 주고 했더니 한 쌍의 꽃을 피워 열매가 되는 것이었다. 나는 힘겹게 자라는 것처럼 보여서 영양제 하나를 꽂아주었다.

그런데 열흘 정도가 지나 갑자기 모든 가지마다 꽃봉오리가 올라오는 것이다. 너무 놀라운 일이었다. 한 개의 열매에 진심을 담아 잘 자라라고 준 영양이 이렇게 많은 꽃을 피울 거라 예상하지 못했기 때문이다. 꽃이 너무 많아도 안 좋다는 말에 적당히 꽃을 따주었고 물을 정성껏 주며 매일 아침 레몬 나무가 잘 있었는지 확인을 했다. 그리고 지금은 7개의 열매를 매달고 있게 되었다. 고객도 이런 것 같다. 한 사람 한 사람에게 진심을 다했을 때 생각지 못한 행운이 나에게 돌아온다는 것이다.

고객들이 어떤 사람인지는 내가 판단을 해서도 안 되고 작은 씨앗에 불과한 고객도 씨앗으로만 간주해서도 안 된다. 그 씨앗은 곧 뿌리가 되고 열매가 된다. 하루 종일 한 분의 커트 고객일지라도 고정으로 방문할 수 있도록 관심과 사랑을 주어야 한다. 그래야 99명의 1명을 채워줄 고객이 되는 것이다. 자리를 채워주는 고객이 있어 감사하고 관심을 쏟을 대상으로 있어 감사한 분 중에 한 분인 것이다.

이런 사실을 나 또한 늦게 깨달은 것에 안타까운 마음이 가장 크다. 하지만 누구나 시작의 출발점은 다르기 때문에 지금 이 순간 어떤 사람도 늦었다고 할 수 없다.

늦어도 빨리 갈 수 있는 방법을 아는 것이 중요하고 시작하려고 하는 마음에서 성공은 1년 후가 되는 것이다. 절대 계산적으로 되지 않고 모든 것에 감사하고 감사한 만큼 베풀면 된다.

▶ ▶ ▶ 06

샴푸 서비스를 최고로 하라

20년 전 대만에서 샴푸 교육을 해주러 온 적이 있다. 그때만 해도 샴푸의 가치와 중요성을 고객들도 우리도 알지 못했다. 그런데 대만 사람의 샴푸는 아침에 샴푸한 느낌이 오후까지 개운하다는 평이 있었기 때문에 원장님이 초빙해서 교육을 실시한 것이다. 직접 내가 받아본 것은 아니나 피드백이 엄청 좋았던 생각이 난다. 선생님이 교육을 받고 스태프들이 선생님들에게 교육을 받았다. 가려운 부분을 시원하게 긁어주며 두피에 때 제거를 하고 시원하게 마사지를 해주는 기술로 마무리되는 것이었다. 압은 어떤지 물 온도는 어떤지 체크하며 디테일하게 교육을 했다. 그때 나는 그 샴푸 교육을 받고 고객들에게 나만의 서비스로 전략을 삼았다.

교육을 받은 대로 최선을 다해서 해주었더니 덤으로 오는 팁이라는 게 생기기 시작했고 나는 하루에 만 원이 넘는 금액의 팁을 받기도 했다. 스태프 시절 중 가장 많은 팁을 받았다. 그로 인해 선생님의 고객도 하나둘 늘어났고 고객들에게 나의 존재도 알려지기 시작했다. 그 후 나는 다른 지점을 돌아다니며 스태프들을 교육해주기도 했다. 디자이너와 스텝은 호흡이 잘 맞아야 고객도 늘어난다. 최근에 있었던 일이다. 매장을 오픈하고 스텝을 구하기가 어려워 급하게 섭외된 친구가 있었다. 나는 매장 인테리어와 오픈 준비를 하느라 3개월을 쉬었던 상황이여서 고객분들이 많이 찾아와주셨다. 바쁘게 작업을 하는 중 간혹 샴푸대가 불편하다는 얘기를 듣고 샴푸대를 바꾸려고 했었다.

수동 샴푸대와 자동 샴푸대가 있는데 수동을 구입했는데 수동 샴푸대를 사용하게 해드려서 죄송한 마음에 내가 직접 체험을 해보았다. 그러나 아무런 문제가 없었다. 그런데 고객이 어깨가 너무 아프다는 것이다. 자세히 살펴보던 중 문제점을 발견했다. 스태프가 샴푸 도기를 배로 밀며 샴푸를 하고 있는 것이었다. 그래서 사용 방법을 알려주고 별 문제가 없는 줄 알았는데 단골 고객님이 2개월째 방문을 하지 않는 것이다. 요즘 코로나도 있고 해서 좀 늦게 방문하시는 거라 생각했다.

그런데 어느 날 예약 전화가 왔다. 그런데 고객이 오픈할 때 있었던 스태프 근무하고 있냐고 물어보는 것이다.

"그 친구 때문에 그동안 방문을 하지 않은 거예요."

깜짝 놀라고 당황스러웠다.

"고객님, 이유를 물어봐도 될까요?"
"샴푸가 너무 엉망이었어요. 지압할 때 아프기만 해서 불편함을 얘기하고 싶었는데 원장님 얼굴 봐서 그 친구가 그만두기를 기다렸어요."

나는 고개 숙여 죄송하다는 말과 직접 샴푸를 해드렸고 마음을 달래드렸다. 디자이너 혼자 잘한다고 되는 건 아니라는 걸 더 알게 되는 순간이었다.

요즘은 고객들이 외국을 자주 다니시며 다양한 문화를 접하시고 오신다. 특히 동남아를 다녀오신 분들은 거기에서 받은 샴푸를 자주 이야기하는 편이다. 너무나 시원하고 가격도 싸다는 말을 한다. 다른 나라와 비교했을 때 인건비의 차이가 있어 가격의 이해는 하지만 서비스의 질이 떨어지는 건 고객이 용납하지 않는다.

언제부터인가 고객들은 미용실에서 해주는 샴푸를 기대하고 방문한다. 그래서 샴푸 시술에 집중하는 미용실도 있다. 머리는 비슷하게 자르는 사람이 많지만 샴푸는 손맛이 다르다고 말한다. 그래서 스태프들을 케어리스트라고 말한다. 샴푸와 케어에 집중적으로 전문가를 만들기 위해서이다. 그래서 케어리스트가 직접 고객을 시술하고 매출을 발생하도록 만드는 것이다. 의외로 고객을 디자이너보다 더 편하게 잘 대한다. 그리고 고객이 직접 케어리스트를 지명하는 경우도 있다. 요즘은 선택받을 수 있고 선택을 할 수도 있다. 얼마든지 가능성이 있는 친구들을 규칙으로 인해 묶어둘 필요는 없다. 한 팀으로 일하던 스태프가 있었다. 그 친구는 고객과 이야기하는 걸 좋아해서 샴푸실에 들어가면 20분을 기다려야 한다. 그래서 그 친구의 장점을 부각시키기 위해 데리고 앉아 제품 교육을 했다. 성분 이해와 효과에 대해 설명을 했다.

그 후 샴푸실에서 제품 설명을 자연스럽게 시작하더니 판매까지 이루게 된 것이다. 그렇게 점판 매출을 250만 원까지 기록을 세웠다. 단점이라고 생각했던 부분을 장점으로 바꾸어서 그 스태프의 자존감 또한 올라갔다.

디자이너가 가장 힘들어 하는 일이 샴푸이다. 이유는 머리를 자르며 에너지 소비를 많이 하게 된다. 고객과의 상담 후 커트를 하며 고객과 눈을 마주치며 머리가 잘 잘려지고 있는지 검사받는 분위기 속에서 꼼짝없이 10분 이상을 그 자리에 서서 어색한 분위기 봉제 해지를 위해 대화도 이어간다. 그러면 아침에 먹은 커피의 효과가 확 떨어진다. 그런데 샴푸라는 노동을 더불어 하게 되면 다섯 명만 해도 하루가 고단하다. 만약 즐거운 이야기를 하며 어렵지 않은 작업을 했다면 덜 힘들 수도 있다. 친한 고객의 머리를 할 때와 어색한 고객의 머리를 했을 때 에너지 소모량이 다르다. 그런데 디자이너가 직접 하면 감동을 받는다.

그런 최고의 서비스를 디자이너가 되면 스텝의 일이라 생각하게 된다. 다른 시술은 디자이너가 되기 위한 트레이닝이라 생각하는데 샴푸는 졸업했다고 생각한다. 나는 그렇게 생각하는 디자이너를 제일 안타까워한다. 그 많은 미용실 중에 나를 찾아와 돈을 지불하고 머리를 하는데 고객이 가장 행복해하고 감동을 받을 수 있는 서비스를 어려워한다면 잘 나가는 디자이너 대열에 낄 수 없다고 생각한다. 바빠서 할 시간이 없어 샴푸를 못 해 드리는 것을 안타까워하는 게 잘 나가는 디자이너들의 마음이다. 나는 원장임에도 vip 고객님을 스태프가 있는데도 내가 할 때가 있다. 그러면 고객은 "왜 이래! 나 원장님한테 샴푸하기 싫어요."라며 농담을 건넨다. 사실은 좋아하는 표정을 하면서 말이다. 그리곤 나갈 때는 "원장님 감사합니다."라고 인사를 하며 나간다.

힘든 건 내 마음에서 나오는 기분이다. 남자 친구나 엄마 또는 아빠에게 샴푸 해주면 얼마나 행복해할지 생각해보자. 내가 사랑하는 사람을 위한 것은 힘들지 않을 것이다. 단순히 금전 관계로만 생각했을 땐 조금이라도 덜 힘들게 돈을 벌고 싶은 마음일 것이다. 그런 마음이라면 나를 좋아하는 고객은 많지 않을 것이고 나를 신뢰하는 고객의 수도 많지 않을 것이다. 지금 고객과 조금씩 멀어지고 있다 느낀다면 샴푸를 꼭 한 번 체크해보길 바란다. 유행에 뒤처져도 이해하지만 서비스가 뒤처지는 건 용납 안 될 일이다. 어떤 숍에서는 매장에서 판매하는 제품을 고객이 구매하도록 하고 미용실에 비치해두고 오실 때마다 사용해드리는 서비스도 한다. 잦은 시술로 인해 두피와 모발이 민감해진 고객을 관리해주기 위해서이다. 다양한 방법들을 동원해 서비스를 하지만 정작 샴푸실에 들어가는 사람은 스태프들이다. 앞으로 맨투맨으로 작업을 해야 하는 시대가 얼마 남지 않은 걸 예감한다. 인건비가 급등하고 이제 스태프의 단계 기간이 길지 않다.

기술이 전부가 아닌 이 시대에 기술력이 부족하다고 해서 그들이 경력자보다 못할 거라는 생각은 잘못된 생각이다.

샴푸는 미용에서 뗄래야 뗄 수 없는 중요한 시술 중에 하나이고 노동력이 필요한 일이다. 일본에서는 클리닉을 할 때 샴푸실에 의자가 비치되어 있다. 시간을 정해놓고 금액을 책정해 두고 있었다. 15분, 30분, 45분 이런 식으로 시간마다 금액이 다르다. 의자에 앉아서 샴푸를 하게 되면 다리에 힘을 덜 주게 되어 샴푸의 퀄리티가 훨씬 올라간다. 노동에 가까운 샴푸는 앉아서 함으로 인해 시술하는 사람과 시술을 받는 사람의 안정감이 극대화된다. 마사지 숍에서 받는 케어와 비슷한 느낌을 받게 된다. 샴푸는 두피에 혈을 풀어줌으로 혈액 순환을 도와주는 시술이기 때문에 제대로 샴푸를 받으면 피곤함을 풀어주기도 한다.

10분이 안 되는 시간에 큰 감동을 줄 수 있는 시술은 유일하게 샴푸뿐이다. 좀 더 전문가답고 고객에게 감동을 전달하고 싶다면 샴푸실의 환경을 바꾸는 것도 하나의 방법이 될 수 있다. 나는 두피뿐만이 아닌 전신의 혈액순환을 돕기 위해 전신 안마 마사지 샴푸실을 설치했다. 샴푸를 받는 내내 고객은 샴푸에만 집중을 한다. 클리닉을 받으며 잠시 따뜻한 미스트 기계 안에 머리를 맡겨두는 것보다 훨씬 고객들의 반응이 좋았고 어느 때보다도 자주 방문을 하는 고객들이 늘어났다. 일반 샴푸대와 가격이 많이 차이는 나지만 특별한 고객에게 이런 샴푸 서비스는 극찬을 받는다. 이것이 아주 좋은 방법이라는 이야기가 아니라 샴푸 서비스는 고객 감동으로 영원히 풀어야 하는 미용인들의 숙제인 것이다.

그런 면에 있어 샴푸 서비스의 퀄리티를 높여야 한다는 것이 나의 생각이다.

고객 맞춤 마케팅 서비스를 갖추어라

매장에서는 한 달에 한 번씩 시기에 맞는 행사를 진행한다. 달마다 고객들에게 필요한 것을 다른 한 가지 상품과 묶어서 판매를 하거나 할인 행사를 진행한다. 그리고 미리 선결제를 하고 올 때마다 차감을 하는 시스템으로 운영하는데 모든 고객이 선결제를 이용하는 것은 아니다. 디자이너가 제안한 스타일이 맘에 들어서 계속 다니고 싶은 마음이 생겨야 선결제를 한다. 또는 계절 따라 모발 손상이 우려돼 클리닉을 저렴한 가격으로 행사를 한다. 하지만 이 또한 고객이 필요하다고 느끼게 하는 것이 중요하다. 한 번도 경험해보지 않은 시술을 내 돈을 주고 하는 것을 망설이는 것이 고객의 심리이다.

다양한 파마의 약제와 클리닉 등 너무나 좋은 약제들이 있지만 손상된 모발을 케어하기에 좋은 약제들은 가격이 비싸기 때문에 고객이 부담을 해야 한다. 물론 사전에 테스트는 해보지만 고객의 모발도 각각 다른 모발의 특징을 가지고 있기 때문에 그 고객에게도 테스트를 하는 것과 다름이 없는 것이다. 결과를 고객이 만족해야 하기 때문에 섣불리 가격을 더 받을 수 없는 상황도 있다. 재시술을 한다고 해도 두 번의 시술을 감행하기에 무리가 있는 점도 감안을 해야 한다. 첫 번째는 시술 후 고객이 만족을 하는 것이고 두 번째도 고객이 만족을 하는 것이다. 하지만 고객이 비용을 더 부담하고 만족을 한다고 해서 비용에 대한 부담을 안 느낄 수 없다. 다음에 그 시술을 받고 싶어도 비용이 부담스러우면 고민을 하게 된다.

머릿결 손상이 심한 고객이 웨이브가 강한 파마를 원했던 적이 있다.

"고객님, 모발이 많이 손상이 됐는데 펌을 못 하는 건 아니지만 고객님의 모발에 사용하는 약제 비용을 추가로 부담하셔야 합니다."

"비싼가요?"

"가격 차이가 많이 나는 건 아니지만 5만 원 정도 추가가 됩니다. 진행 도와드릴까요?"

"네, 해주세요."

시술을 들어가는 내내 긴장하며 작업에 몰두한 결과 완성된 이미지는 만족스러웠다. 그러나 한편으로 내심 비용에 대한 만족도 주면 얼마나 좋았을까 하는 아쉬움이 있었다.

저 고객이 다시 나를 찾아올까 하는 나의 생각은 반반이었지만 그 반반의 생각은 제로였다. 그 고객은 나를 다시 찾지 않았다. 그런 점에서 나는 시술에 만족을 해도 그 고객에게 나의 신뢰를 같이 팔지 못한 내 자신에게 반성을 하게 되었다. 그 고객을 위하는 마음으로 한 번의 시술쯤은 손해를 보더라도 비용 부담을 주지 않고 신뢰를 주었다면 한 번은 나에게 더 방문을 하지 않았을까 하는 생각을 하게 되었다. 그래서 나는 몇 번 사용해보지 않은 약제는 사비로 구매해서 추가 금액 없이 시술을 해주었다. 특별한 선물 같은 서비스는 나의 신뢰를 쌓는 데 도움이 되었고 시술을 받아본 고객들은 다음부터 비용을 부담하고 시술을 받게 되었다.

그리고 소개 고객도 늘어나게 되었다.

효과를 느끼게 해주려면 자세한 설명과 선 시술이 필요하다. 매출을 잘하는 데에는 매장 마케팅뿐만이 아니라 개인 마케팅도 준비가 되어 있어야 한다. 내가 아는 부원장도 이런 방법들로 고객들에게 인기가 많다. 늘 에너지가 넘치지만 고객에게 시장에서 경험할 수 있는 더 주는 서비스를 한다. '제가 한 번 더 해드릴게요. 회원권 구매하세요'라고 한다고 한다. 물건을 싸게 파는 것이 아니라 노동력을 필요로 하기 때문에 선뜻 누구나 제안할 수 있는 방법은 아니라 생각된다. 하지만 부원장님은 경험을 먼저 해보게 하는 것이 마케팅이라 말했다. 목표를 가지고 있다면 어떤 것도 문제라 생각하지 않는 마인드이다. 기꺼이 내 고객에게 줄 수 있는 무언가를 가지고 있어야 한다는 것이다.

고객의 머리는 자세히 보면 무한대로 소소하게 서비스로 줄 수 있는 것이 많다. 그런 것들을 고객이 필요한 때에 서비스로 마케팅을 해보길 추천한다. 가끔 나는 고객과 협상을 하기도 한다. 내가 뭔가를 원할 때 협상이 필요하다. 협상을 할 때는 고객의 니즈를 파악해야 하며 철저한 준비를 해야 한다. 철저한 준비는 고객의 방문 리스트를 분석을 하면 답이 나와 있다. 그동안 내가 메모를 해놓은 것과 고객이 시술을 한 내역을 분석해보면 고객에게 또 다른 제안을 할 수 있다. 고객에게 얻으려는 것이 있다면 어떤 서비스를 해주어야 할지에 대한 고민은 해야 한다는 것이다.

단골 고객이 파마를 하기 위해 방문했다.

"머리가 너무 손상이 돼서 클리닉을 하셨음 좋겠어요."
"얼마예요?"

나는 파마 비용과 클리닉 비용을 합한 금액을 말했다. 비싼 금액이라 망설이는 듯했지만 말했다.

"네, 해주세요."

그분은 정액권을 좋아하지 않는 고객이었지만 권유했다.

"고객님, 정액권이 고객에게 할인을 받을 수 있는 혜택이 있기 때문에 길게 보면 고개님이 더 이익이세요. 그리고 오늘은 그동안 시술 받아오셨던 뿌리 파마를 서비스로 해드릴게요."

처음 오신 고객은 정액권을 원하지 않는 경우도 있다. 마치 족쇄를 차는 느낌이라고 고객이 말한 적이 있다. "그거 하면 여기만 와야 하잖아요."라고 말이다. "고객님, 제가 정말 예쁘게 해드릴게요. 족쇄 한 번만 차 주세요."라고 말한 적도 있다.

정액권이나 회원권은 고객 입장에선 할인이 되기 때문에 단순히 보면 디자이너의 인센티브가 깎이는 시스템이다. 하지만 반대로 고객은 그 정액권을 다 소진하기까지 나에게 머리를 맡기시겠다는 의미이기도 하다. 그런 약속을 하는 고객에게 한 번의 서비스나 할인을 해드리는 것을 아껴두는 것은 어리석은 일이다. 그 정액권으로 인해 가족들과 친구들을 같이 동반하기도 한다. 이젠 그 연결고리가 없다면 고객은 언제나 흔들릴 수 있다는 것이다.

예전에 나는 옷 가게를 한 적이 있다. 도전을 해보고 싶었다. 내가 기술을 가졌을 때와 물건을 가지고 있을 때 고객에게 어떻게 다르게 해야 할지에 대해 생각해보고 싶었고 옷을 너무나 좋아해서 맘껏 입어보고 싶었다. 그래서 시작한 옷 가게는 결코 만만한 일이 아니었다. 편하게 않아서 옷만 입혀보고 파는 줄 알았는데 몇 번의 옷을 입었다 벗었다를 반복하며 사지 않는 고객도 있었다. 미용실은 비용을 물어보고 나가는 일이 거의 없었다. 하지만 옷은 입어보고 그냥 나갈 수 있다는 것에 너무 충격적이었다.

미용실에서 일을 할 때는 고객에게 90도 인사를 받으면서 일했다. 그런데 옷 가게는 내가 90도 인사를 해야 했다. 내가 파는 옷은 다른 옷 가게에서도 똑같은 디자인을 팔 수 있는 기성품이기 때문에 코디를 잘 못하거나 가격 비교를 했을 때 조금의 차이가 있더라도 더 저렴한 곳에서 구매를 하기도 한다. 그래서 어떻게든 입혀보고 잘 어울리게 코디해서 사게끔 해야 돈을 벌 수 있었다. 그때 나는 나에게 머리하던 고객들에게 너무 미안했고, 그 동안 앉은 자리에서 기다리다 무심코 돈을 받고 편하게 머리를 해주던 나의 모습에 반성을 하게 되었던 경험이었다. 돈을 받고 팔아야 하는 건 똑같은데 그것이 물건이고 기술이고의 차이를 두면 안 되는 일이었다. 나의 기술을 해보지도 않고 앉아서 머리를 자르고 맘에 들든, 안 들든 돈을 지불하고 나가야 하는 상황을 고객은 받아들인다.

우린 그동안 얼마나 편하게 돈을 벌었는지 감히 느껴보는 시간의 경험이었다. 그런 분들에게 감동의 서비스도 없이 나의 기술만 판다면 나의 인간미가 너무 아깝지 않은가? 200만 원짜리 디자이너 나의 이야기였다. 나는 그런 패러다임을 깨고 싶었다. 고객은 무엇으로 인해 마음을 열 것인가.

첫 번째, 가격 부담을 덜어주어라.

두 번째, 고객이 원하는 것을 서비스하라.

세 번째, 노동의 대가를 덜 지불하게 하라.

네 번째, 원하는 걸 얻으려면 기꺼이 손해를 보아라.

다섯 번째, 기술을 팔지 말고 사게 하라.

무수히 많은 미용실을 뚫고 나를 찾아왔다는 사실을 잊어선 안 된다. 내가 어떤 매력적인 디자이너라도 고객은 언제까지 나의 매력의 팬은 아니다. 잘생긴 사람도 10번 보면 질리는 법이고 예쁘게 생긴 여자도 예쁘기만 하면 질리는 법이다. 잘생긴 남자도 나에게 호의를 베풀고 좋아한다는 호감을 표해야 계속 보고 싶은 것처럼 찾아가고 싶은 설렘을 주어야 오래 갈 수 있다. 미용의 마케팅 핵심은 여러 번 만나고 싶게 만들어야 한다. 지식도 갖추고 있어야 한다. 기술로 표현하는 약제들에 대한 설명도 고객이 알아들을 수 있도록 설명할 줄 알아야 한다.

구체적인 용어로 고객을 혼란스럽게 만들 필요는 없다. 어려운 용어들은 관심도 없고 고객을 지루하게 만들 뿐이다. 지금도 나는 고객을 떠올리며 어떻게 하면 예쁘게 만들어드릴 수 있을까 고민을 한다. 계절별로 각기 다른 스타일 연출을 해주어야 하기 때문에 고정으로 오시는 고객님들을 예쁘게 해주는 것에 중점을 두면 자연스럽게 고객을 자주 만날 수 있다.